103동 204호 아파트 교회

도시 목회의 대안, 아파트 교회 개척 이야기
103동 204호 아파트 교회

초판 1쇄 발행 2021년 3월 11일
초판 2쇄 발행 2024년 8월 20일

지은이	이동복
발행인	강영란
사업총괄	이진호

발행처	샘솟는기쁨
출판등록	제 2019-000050 호
주소	서울시 중구 수표로2길 9 예림빌딩 402
대표전화	02-517-2045
팩스(주문)	02-517-5125
홈페이지	https://blog.naver.com/feelwithcom
전자우편	atfeel@hanmail.net

편집	박관용 권지연
마케팅	이진호
디자인	안성은
일러스트	이수형
제작	아이캔
물류	신영북스

ⓒ 이동복, 2021

ISBN 979-11-89303-58-7(03200)

이 책은 저작권법에 따라 보호를 받는 저작물이므로 무단 전재와 무단 복제를 금합니다.
이 책의 전부 또는 일부를 이용하려면 반드시 저자와 샘솟는기쁨의 동의를 받아야 합니다.
잘못된 책은 구입하신 곳에서 바꿔드립니다.
책값은 뒤표지에 있습니다.

도시 목회의 대안, 아파트 교회 개척 이야기

103동 204호 아파트 교회

이동복 지음

샘솟는
기쁨

| 추천사 |

교회 존재의 목적과 실천 과제를 밝히는 책

양현표 | 총신대학교 신학대학원 실천신학 교수

저자는 현장 목회에 탁월한 교회 개척자이다. 교회의 본질과 목회 상식을 기초로 하여 그의 교회 개척 시작부터 서술하고 있다. 잔잔하고 담백한 문체로 이야기를 풀어 나간다. 자신이 겪은 그 사실에 대한 해석과 축적된 목회철학까지 기술하고 있다.

또한 현장과 실천을 경시하는 것도 아니다. 목회철학을 행동으로 옮기고 그 행동들을 체계화해서 프로그램화하는 창의력을 지녔다. 즉, 저자는 실천에 있어서 치밀하면서도 전략적이다.

저자가 제시하는 교회 개척의 원리는 다름 아닌 하나님의 말씀에 대한 깨달음, 성경 말씀에 대한 사랑이다. 저자는 하나님의 말씀만 제대로 깨닫는다면 교회 개척이 이루어진다고 역설하며 교회 개척자들이 말씀을 사랑하려 하기 보다는 오직 사역을 사랑하려고 한다며 개탄한다. 자신의 경험에 비추어, 진정으로 하나님의 말씀을 깨닫지 못했을 때와 깨달았을 때의 차이점을 이 책 전체를 통해서 조목조목 반복 기술하고 있다.

이 책은 한 교회 개척자의 경험을 나열한 책이 아니다. 교회의 존재 목적과 실천과제가 무엇인지를 분명하게 밝히는 책이다.『103동 204호 아파트 교회』는 모든 신학도, 교회 개척자들, 그리고 현장에서 방향을 잡지 못하고 좌면우고 하는 모든 목회자가 읽어 보아야 하는 필독서이다.

| 추천사 |

말씀의 거울 앞에 서게 하는 목회 철학

이한수 | 총신대학교 신학대학원 前 신약학 교수 및 現 명예교수

평생 교수 생활만 하다가 개척 교회 목회를 하면서 현장 목회가 얼마나 힘들고 난관이 많은지 뼈저리게 깨달아가던 시점에 저자를 만나 대화를 하게 된 것은 나에게 신선한 감동이었다.

저자와 수년 간 교제하고 대화하면서, 또 저자가 운영하는 목회자 파워하우스에 참여하여 말씀을 들으면서 그가 어떻게 척박한 목회 환경에서 좋은밭교회를 성장시킬 수 있었는지 비로소 깨달을 수 있었다. 아파트 지역에서 '간판이 없고, 새벽기도회가 없고, 전도가 없는' 교회이면서도 오로지 말씀을 사모하는 성도들이 인근에서만 아니라 강릉이나 부산에서 103동 204호 교회를 찾아오는 이유는 무엇이었을까? 말씀 앞에 자신의 온갖 우상들을 내려놓고 깨지고 부서지면서 새로 거듭나기를 갈망하는 저자의 기도가 있었기에 가능했을 것이다.

교인 수가 얼마나 모이는가에 신경을 쓰기보다 말씀의 거울 앞에 진솔하게 서고, 말씀이 나를 해석하고 변화되는 일에 흔들림이 없는 목회 철학을 높이 평가한다. 저자는 신학대학원을 졸업하고 목회를 그만해야겠다는 방황의 터널을 지나 말씀의 빛을 경험하고 참된 목회자의 길을 증언하고 있다. 개척 교회 목사님들만이 아니라 목회가 무엇인지 성찰하고자 한다면 이 책을 꼭 한번 읽어 보기를 강력하게 추천한다.

| 추천사 |

건강한 교회, 그리스도의 제자로 사는 삶

정필도 | 수영로교회 원로목사

저자는 수영로교회에서 교구장으로 섬기며 열정적으로 사역했던 목사입니다. 아파트에서 개척한 교회가 주님의 은혜로 건강하게 성장한 7년간의 그 기록을 고스란히 책에 담아냈습니다. 교회 성장은 주님의 주권에 달려 있습니다. 교회 성장에서 가장 중요한 것은 그 지도자가 어떤 사람인가 하는 것입니다. 성령님께서 역사하실 수 있는 무릎으로 사는 겸손한 사람을 주께서 사용하십니다.

저자는 말씀 앞에 무릎을 꿇으면서 내면에 그리스도의 진리를 새겨 넣는 치열한 순종의 싸움을 싸웠다는 것을 책 곳곳에서 발견할 수가 있었습니다. 주님께서 제자들을 통해 교회를 세워 나가셨던 초대 교회의 그 순수한 모습과 일하신 흔적들을 이 책을 통해서 확인할 수 있었습니다. 말씀이신 예수님이 하나님의 능력이요 지혜라는 것을 다시금 깨닫게 하여 헬라식 전도나 유대식 전도가 아닌 예수 그리스도의 전도가 무엇인지 깨닫게 해 주는 책입니다.

목회의 본질을 회복하여 주님께서 기뻐하시는 건강한 교회를 세우고 그리스도의 제자로 사는 것이 무엇인지 깨닫길 원하는 성도들이라면 이 책을 꼭 읽어 보기를 추천합니다.

| 추천사 |

주님의 일하심, 아파트 교회 7년의 역사

김종선 | 창대교회 담임목사

목사님을 처음 만났을 때는 십자가 캠프에서 복음을 전하시던 때였습니다. 어느 날부터 말씀을 올리기 시작하시더니 아파트에서 교회가 시작되었습니다. 흔한 간판이나 전도지도 없이, 출입하기에도 어려운 아파트에서 시작된 교회에 사람들이 모였습니다.

그곳에 나와 같은 목회자들이 발걸음을 하면서 '목회자 파워하우스'가 시작되었습니다. 저 역시 그때부터 지금까지 7년 동안의 가르침을 받은 결과, 준비된 양식 덕분에 담임목사로 청빙을 받을 수 있었고, 배운 말씀으로 성도들을 양육하는 제자훈련 목회를 하고 있습니다. 제가 아파트 교회가 건강한 교회로 세워지는 것을 가까이에서 지켜본 산 증인인 셈입니다.

책을 읽어 내려 갈수록 이것이야말로 한국 교회에 꼭 필요한 이야기라는 생각을 지울 수 없었습니다. 지난 7년간 한 명의 죽은 목회자를 붙들고 건강한 교회를 세워 나가신 주님의 일하심에 대한 기록이 고스란히 담겨 있습니다. 성도 한 사람이 건강하게 세워질 뿐만 아니라 저자가 끊임없이 주님을 닮아 가는 모습을 보면서 이 책이 많은 사람에게 읽혀져 한국 교회가 다시 살아나게 될 것을 기도하며 기쁨으로 이 책을 추천합니다.

차 례

| 추천사 |
| 프롤로그 | 그리고 7년째

PART 1 개척 초기
목사인 줄 알았습니다

1	역전의 순간	16
2	말씀에 눈뜨기	22
3	요한복음 6장 27절	26
4	모퉁잇돌 놓기	32
5	목사 자격증?	40

PART 2 말씀 쉐프
아파트 교회에 없는 세 가지

1	천국 열쇠 받기	50
2	말씀, Real or Fantasy?	57
3	제자 되고 땅끝 가기	65
4	말씀 쉐프로 살기	73
5	예수 그리스도의 마음	78

PART 3 개척 중기
말씀 양식, 예수님의 살과 피

1	덫에 걸린 인생	88
2	기독교입니까?	94
3	말씀 하나님	102
4	말씀에 목숨 걸기	109

PART 4 제자훈련
복 있는 자로 살겠습니다

1	은혜 위에 은혜로 살기	116
2	복 있는 자로 살기	122
3	46년 전통의 예루살렘 가게	128
4	같은 단어, 전혀 다른 의미	135
5	그리스도께 편지 받기	144

PART 5 말씀대로
예수께 길을 묻겠습니다

1	게바를 위한 After service - 갈라디아서 2:11-21	150
2	손 탄 사람과 주가 탄 사람 - 갈라디아서 1:11-24	153
3	불붙은 떨기나무 - 출애굽기 3:1-6	156
4	청명한 청옥 같은 지도자 - 출애굽기 24:1-11	160
5	에넨별곡 - 창세기 1:20-30	162
6	엄마야 누나야 에덴 살자 - 창세기 2:1-14	165
7	아주 가깝게 먼 사람 - 시편 55:1-23	168
8	은혜 담긴 옥합 - 고린도전서 16:1-12	172
9	숨겨진 보화 - 잠언 2:1-22	175
10	IN N OUT BUG - 잠언 13:1-13	177
11	주님이 세운 교회 특징 열한 가지 - 잠언 20:16-30	180

PART 6 제자 양육 이야기
주님이 일하셨습니다

간증 1	종교 보이스 피싱	187
간증 2	소나무 신앙	191
간증 3	당신 죄부터 끊으세요!	198
간증 4	그대 이름은 욥	202
간증 5	상 받는 신앙	206
간증 6	내 잔을 채우소서	209
간증 7	비슷한 예수	214
간증 8	요정에서 예수님으로	220
간증 9	등불 청년	224
간증 10	그리스도의 아름다운 신부	228

| 참고자료 |

| 프롤로그 |

그리고 7년째

내 인생이 죽었던 적이 있다. 누구나 인생 중반을 넘기면 나이 속에 크고 작은 태풍들 몇 개는 가지고 있는데, 그런 인생의 밑바닥에서 사랑을 받았다. 목사로서 창피한 일이지만, 말씀이 보이기 시작하더니 말씀이 선명하게 내 안에 들어왔다.

도무지 믿기지 않는 일들이 일어났다. 죽은 인생을 살리신 것이다. 인천 청라국제도시 '103동 204호 아파트'에서 예배가 시작되고, 사람들이 찾아왔다. 우리 가족이 살던 아파트가 교회가 되었다. 서울, 인천은 물론 멀리 부산, 천안, 안산, 합천, 포천, 시흥, 강릉에서 '아파트 교회'를 출석했고, 한 가정 한 가정이 삶의 터전을 옮기더니 지금은 모두 교회 가까이에 살면서 말씀 안에서 교제하고 있다.

전도지를 돌린 것도 아닌데, 2년이 지나 3년째가 되었을 때 45명에서 70여 명이 모였고, 지금은 100여 명의 성도들이 모인다. 아파트 204호에서 드리던 예배를 지하 1층, 지상 3층의 아담한 예배당에서 드릴 수 있을 만큼 성장하였다. 46년 동안 망하던 인생에 역전승이 펼쳐졌다.

어느덧 교회를 개척한 지 7년이 지났다. 예기치 않게 세워진 아파트 교회를 다시 생각하면서 어떻게 자립하고 성장하게 되었는지 깨우칠 수 있었다. 또한 오늘날 한국 교회의 아픔이 어디서 비롯되었는지 이해할 수 있었다. 작게나마 한국 교회에 보탬이 되고자 용기를 내어 아파트 교회 이야기를 집필하게 되었다.

지금도 조용히 묵상 중에 '울림'이 있던 그 순간을 잊을 수 없다. 희망이 끊긴 내게 예수님은 '나는 죽이기도 하고 살리기도 하는 하나님'이라고 하시면서 '어서 사람 앞에, 하나님 앞에 사랑스러워지라'고 하셨다. 그날 이후 하나님께 더 가까이 더 깊이 나아갔고, 말씀 묵상을 하면서 그 뜻을 헤아리게 되었다. 새롭게 시작할 수 있었다. 아직도 오래 묵은 내 안의 우상들을 전쟁처럼 맞닥뜨리지만 어제도 오늘도 말씀 안에서 살아간다. 내 인생의 반전이었다.

신학 전공자이자 목사 안수를 받은 내가 그때서야 비로소 말씀이 들리고 보였다. 말씀이 왜 그토록 위대하다고 하는지 알 수 있었다. 얼마 지나지 않아 꿈속에서 만난 내 모습! 유난히 높다란 쉐프 모자를 쓰고 있었는데, 그 모습은 지금도 목회의 인사이트가 되고 있다. 미래 목회의 방향이 되어 '말씀 쉐프와 함께 하는 아침밥 묵상'을 시작할 수 있었다. 말씀 양육이 곧 사람을 살리는 사역이라는 깨달음이었다.

그 이후 어느덧 7년이 지났다. 지금은 말씀을 미처 깨우치지 못한 채 선포하는 목회자들을 만나고 있다. 예전의 나처럼 말씀이 보여도 보지 못하는 목회자들을 위해 기도하고 있다. 말씀이신 그리스도께서 곧 '하나님의 능력이요 지혜'임을 깨달아 그 능력과 지혜의 수혜자가 되는 것이 나의 목회 목표이고, 이 책을 쓰게 된 목적이다.

"오직 부르심을 받은 자들에게는 유대인이나 헬라인이나 그리스도는 하나님의 능력이요 하나님의 지혜니라"(고린도전서 1:24)

  이 책이 나오기까지 말씀과 은혜를 베풀어 주신 우리 하나님 아버지와 그 아들 우리 주 예수 그리스도께 모든 영광을 돌리고, 말씀이 바른 방향으로 자랄 수 있도록 지지하고 잡아 준 아내 조복희 사모에게 감사한다. 부족한 목사의 가르침에 순종하며 말씀으로 아름답게 자라는 '좋은밭교회' 모든 성도에게 고개 숙여 감사드린다.

  애정 어린 조언을 아끼지 않았던 침례신학대학교 근광현 교수님과 지도교수님들, Southwestern Baptist Theological Seminary 김인허 교수님께 깊은 감사의 말씀드린다. 이 책을 출간한 도서출판 샘솟는기쁨에도 감사드린다.

  또 사랑하는 아들 성원과 딸 경은에게 고마움을 전한다. 부모로 인해 원치 않는 상처를 받으며 함께 고통의 시간을 감내한 너희들이야말로 이 책의 주인공이 아닐까 생각한다. 고맙고 미안하다. 그리고 사랑한다.

  유년 시절, 어머니를 일찍 여읜 나에게 "밥은 먹고 다니냐? 따습게 하고 다녀라, 잉?" 하면서 늘 걱정하던 돌아가신 장모님의 따뜻한 목소리처럼 이 글을 읽는 목회자와 성도들에게 그렇게 '밥 먹고 힘내라'는 주님의 따뜻한 음성이 들렸으면 좋겠다.

2021. 2. 18.

말씀 쉐프, 이동복 목사

| PART 1 개척 초기 |

목사인 줄 알았습니다

썩을 양식을 위하여 일하지 말고 영생하도록 있는
양식을 위하여 하라 이 양식은 인자가 너희에게 주리니
인자는 아버지 하나님께서 인치신 자니라

(요한복음 6:27)

1/ 역전의 순간

　부산에서 인천으로 이사하던 날은 크리스마스이브였다. 공교롭게 내 생애에서 가장 가슴 아픈 성탄 전야였다. 그 무렵 나는 끝 모를 바닥으로 내동댕이쳐져 있었다. 나는 왜 목사인가? 나는 왜 교회에 있는가? 멈추지 않던 질문들은 기도의 눈물을 마르지 않게 했으며, 이러한 처지를 누구도 이해할 수 없을 것 같아서 수렁에 빠진 듯 고통스러워하고 있었다. 바로 죽은 인생, 그것이 내 인생이었다.

　부산에 있을 때, 하루는 견딜 수 없이 마음이 힘들어 아파트 베란다 난간 위에 올라서고 말았다. 을씨년스럽게 부슬비가 내리고 칠흑같이 어두워서 나 하나 죽어도 모를 것 같았다. 그런데 막상 난간 위에서 내려다보자 저 아래 시멘트 바닥을 환하게 비추는 가로등 불빛에 아이들 얼굴이 겹쳐졌다. 번뜩 정신이 들었다. 그 일이 있은 후 무작정 부산을 떠났다.

　인천 청라국제도시에서 우리 가족의 삶이 시작되던 날이 바로 성탄 전야였다. 이삿짐이 하루 늦게 도착하는 바람에 이사한 아파트는 텅 비어 있었고, 온기라고는 전혀 없어서 몹시 추웠다. 아이들과 함께 어떻게 하룻밤을 지내야 할지 당혹스러웠다.

　마침 이사한 곳은 청라의 신축 아파트 단지였는데, 시간이 지나도 세입자가 없다 보니 작은 평수보다 오히려 49평 전세금이 저렴했다. 마냥 작은 평수를 기다릴 수 없는 형편이어서 임시방편으로 입주하게 되었는데, 그날따라 유난히 넓고 썰렁했다. 돌이켜 보면 그때가 하나님이 예비하신 아파트 교회의 시작이었다.

우리 가족은 추위 속에서 이사 감사기도를 드렸다. 당시 중학교 1학년 아들 성원이가 먼저 기도하고, 이어서 초등학교 3학년인 딸 경은이의 기도, 그리고 아내가 울먹이며 기도하고 나서 내가 마무리 기도를 하는데, 눈에서는 하염없이 눈물이 흘러내렸다.

오래 비워 둔 탓인지 아무리 난방 온도를 올려도 방 안에는 훈기가 돌지 않았다. 이불 하나에 의지한 채 심한 추위에 떨면서 그 밤을 보냈다. 하필 우리가 있던 그 방은 외벽 쪽이어서 외풍이 심한 것을 나중에 알았다. 다음 날 집안이 훈훈해지는 것을 보면서, 부동산 사장님이 '미리 보일러 틀어 놓을까요?'라고 했던 말이 떠올랐다.

수년 간 말씀 묵상을 이어 가다가 마침 마태복음 제자훈련 교재를 만들면서, 하나님이 즐겨 사용하는 자들은 '죽은 인생'이라는 사실이 깊이 다가왔다. 마태복음 20장에 등장하는 '나중 된 인생'이 바로 내 이야기였다.

천국은 소망이 끊어진 나중 된 인생을 포도원 품꾼으로 들여보내기 위해 이른 아침에 나간 집주인과 같다고 하셨다(마태복음 20:1). 이른 아침에 정식 계약을 맺고 포도원에 들여보낸 자도 있고, 제삼시인 오전 9시에 놀고 있는 사람에게도 주인은 자비를 베풀어 포도원 품꾼으로 들여보낸다.

사실 인력 시장은 오전 6시면 뽑혀 갈 사람은 다 뽑혀 간다. 오전 9시에는 한창 일할 때니 그 시간 이후 일할 기회가 끝난 인생이었다. 그런데 천국의 주인은 계속해서 이미 끝난 인생을 찾으러 다닌다. 제육시인 정오 12시에도, 제구시인 오후 3시에도 똑같이 '상당히 주리라' 하며 포도원 품꾼으로 써 주신다.

일할 가망성이 없는 사람일수록 주인이 일하라 하면 일꾼의 감사는 증가한다. 최고의 은혜를 받는 사람은 누구일까? 가장 마지막 시간인 제십일시인 오후 5시에 포도원 품꾼으로 부름을 받은 사람일 것이다.

"제십일시에도 나가 보니 서 있는 사람들이 또 있는지라 이르되 너희는 어찌하여 종일토록 놀고 여기 서 있느냐 이르되 우리를 품꾼으로 쓰는 이가 없음이니이다 이르되 너희도 포도원에 들어가라 하니라"(마태복음 20:6~7)

서 있는 사람! 인생의 시간이 멈춰 버린 사람! 죽은 인생이다. 그런데 천국은 놀랍게도 우리의 상식을 뒤집어 버린다.

우리가 생각하는 좋은 사역자 상이 있다. 문벌 좋고, 가문 좋고, 3대째 이어진 믿음에다 대형 교회 부목사의 경험이 있다면 금상첨화이다. 이미 한국 교회에서 명성 있는 강사로 활동하면서 어디 하나 흠잡을 데 없는, 과거가 깨끗한 사람이라면 더욱더 그렇다. 나도 동의한다. 이 얼마나 퍼펙트한가?

이는 이른 아침에 서로 계약을 맺어 포도원에 들어간 사람과 같다. 쓰임받을 만한 자격이 있으니, 마땅히 쓰임받는 거다. 또한 모든 인간적인 조건을 다 갖추었으니 당연히 모셔가야 한다.

그런데 딱 한 가지 없는 게 있다. '측량할 수 없는 은혜'라는 감사가 불가능하다. 누가 가장 눈물로 감사할까? 오후 3시에 부름받은 사람도 입에서 불평이 나오는데, 오후 5시 인생만이 어떤 불평도 없다.

아무도 거들떠보지 않는 인생이었고, 과거의 죄로 인해 손가락질 당해 한국 교회에서 매장당한 사람이라면 오후 5시 인생이다. 예수님은 죄인의 친구로 사시며 함께 식사하셨고, 그들을 구원하려고 목숨을 버리셨다. 그런데 죄인인 우리는 그 은혜를 받고도 어느새 의인이 되어 죄인인 자신을 죄인들과 분리한다.

바울도 그런 사람이었다. 오후 5시 인생을 넘어 모든 그리스도인이 "하나님 저 사람 빨리 좀 데려가 주세요"라고 했던 사람이었다. 오늘날 우리 기준이라면 바울은 과거 죄로 인해 한국 교회에서 사역을 못했을지도 모른다.

"내가 처음부터 내 민족과 더불어 예루살렘에서 젊었을 때 생활한 상황을 유대인이 다 아는 바라 일찍부터 나를 알았으니 그들이 증언하려 하면 내가 우리 종교의 가장 엄한 파를 따라 바리새인의 생활을 하였다고 할 것이라 이제도 여기 서서 심문 받는 것은 하나님이 우리 조상에게 약속하신 것을 바라는 까닭이니"(사도행전 26:4~6)

그리고 한 번 더 역전이 일어난다. 바울 같은 오후 5시 인생을 부르셔서 신약성경 3분의 2를 쓰게 하시는 분이 주님이시다. 이것이 천국 주인의 일하는 방법이다.

나중 된 자가 먼저 되는 일(마 19:30, 막 10:31)이다. 이 말은 늦게 믿었는데 믿음 성장이 더 빠르다는 뜻이 아니다. '나중 된 자'의 원어는 '에스카토스(ἔσχατος, 2078, 에스카토스)'다. 가장 보잘것없고 가치 없는 존재를 말한다. 마치 예수님처럼 건축자들이 싫어서 버린 돌 같은 존재, 이런 자들을 주님이 쓰신다.

예수님을 고린도전서 15장 45절에서 마지막 아담으로 소개하고 있는데, 여기에서 '마지막'이란 단어가 에스카토스이다. 가장 비천한 모습으로 자신을 낮추시고 사람 중에서도 아예 종의 형체를 가지셨다. 십자가에 죽기까지 복종하셔서 사람들에게서 버린 바 된 분이었다. 그런 예수님을 하나님은 보좌 우편에 앉히시고 '먼저 된 자(πρῶτος, 4413, 프로토스, 첫째의, 최고의)' 즉 첫째가 되게 하셨다.

바울도 외적으로는 화려한 이력을 자랑하는 히브리인 중의 히브리인인 프로토스였으나 다메섹 도상에서 예수님을 만난 이후 눈이 멀어 버리는 에스카토스가 되었다. 그리스도의 제자로 훈련되어 자신에게 유익하던 모든 것을 배설물로 여기고 오직 약한 것을 자랑하는 인생으로 바뀌었다.

그래서 육체적인 것을 자랑하는 고린도 성도들에게 바울은 에스카토스에서 어느새 프로토스의 모습이 되어 버린 것을 지적한다.

"형제들아 너희를 부르심을 보라 육체를 따라 지혜로운 자가 많지 아니하며 능한 자가 많지 아니하며 문벌 좋은 자가 많지 아니하도다 그러나 하나님께서 세상의 미련한 것들을 택하사 지혜 있는 자들을 부끄럽게 하려 하시고 세상의 약한 것들을 택하사 강한 것들을 부끄럽게 하려 하시며 하나님께서 세상의 천한 것들과 멸시받는 것들과 없는 것들을 택하사 있는 것들을 폐하려 하시나니"(고린도전서 1:26~28)

'미련한 것들, 약한 것들, 천한 것들, 멸시받는 것들, 없는 것들'이 바로 에스카토스다. 이런 자들을 선택하셔서 측량할 수 없는 은혜를 부어 주시는 이유는 지혜 있는 자들을 부끄럽게 하고, 강한 것들을 부끄럽게 하고, 있는 것들을 폐하기 위함이다. 이들이 자신의 잘남을 자랑하는 프로토스이기 때문이다.

나중 된 자가 만일 전적인 주의 은혜와 자비를 잊고 어느새 자신의 힘과 잘남을 자랑하는 프로토스가 될 때 다시 그들은 멸망당하는 프로토스가 될 수 있다. 뭔가 힘이 남아 있는 자는 아직 프로토스다. 여전히 내 힘으로 무엇인가 해 보려는 자도 프로토스이고, 자기 스스로 좀 괜찮고 멋지게 지금 주님께 쓰임받고 있다고 생각하는 자 역시 프로토스다.

끝까지 주님 손에 붙잡혀 쓰임받고 싶은 자는 오후 5시에 불러 주신 그 측량할 수 없는 은혜로 인해 늘 눈물로 주님의 발등을 적시는 에스카토스가 아닐까? 그래서 죽은 인생이 가장 프레시(Fresh)한 인생이다. 주께서 쓰시기에 가장 신선한 인생이기 때문이다. 그래서 나는 망한 인생이 말씀에 반응해서 주님을 찾아오면 크게 외친다.

"유레카! 찾았다, 신선한 인생이구나."

2 말씀에 눈뜨기

그날도 집회를 마치고 KTX를 타고 집으로 돌아가고 있었다. 더 이상 목회 비전을 찾지 못한 채, 그동안 했던 대로 집회하던 무렵이었다. 신대원 시절부터 어린이와 청소년들에게 십자가 복음을 전하는 것이 사명이라고 믿었다.

그러나 그토록 애정을 가졌던 사역을 그만두기로 했다. 그동안 '전도사 시절부터 복음을 전한 영혼의 숫자를 헤아리면 하늘에 상급이 아주 많이 쌓여 있을 거야!'라며 목사의 사명도 사역의 사명도 내려놓을 구실을 찾다가, 이제 정말 아내에게 통보만 하면 되는 상황이었다.

그러한 내 마음과는 아랑곳없이 KTX는 어둠 속을 내달리고 있었다. 그때 지인에게 뜻밖의 카톡 메시지가 도착했다. '목사님, 금요철야기도를 하는데 목사님이 떠올라서 기도하게 되었고, 감동을 주셨어요. 목사직 그만두지 마세요. 힘들고 지치셨죠. 먼저 그 나라와 그 의를 구하면 모든 것을 더하시는 하나님을 믿으시잖아요? 주의 종들을 가르치면 좋겠습니다.'

도대체 목사를 그만두겠다고 결심한 사실을 어떻게 알았단 말인가? 어느 누구에게도 목사를 그만두겠다고 한 적이 없었다. 아내조차 모르던 상황이었다. 너무 놀라 자꾸 되묻자 그분의 마음이 상할 지경이었.

보수 중의 보수, 대한예수교장로회 합동 측 목사인 내가 '기도 응답' 사건을 어떻게 받아들여야 할지 난감했다. 그 순간 부산 수영로교회 정필도 담임목사님의 간증이 떠올랐다. 아, 내게만 일어나는 일이 아니었다.

목사직을 그만두고 형님의 남대문 사업장에서 일하려던 차에 나에게 전해진 '카톡 메시지'가 신기하고 놀라웠지만, 담담하게 받아들이기로 했다. 돌이켜보면 그때부터 예전과는 다른 인생이 시작되고 있었다.

심령이 가난하다는 말씀은 단순하다. 복잡하게 이해할 필요가 없다. 모든 것을 다 잃어버리고, 소망이 끊어져 꿈과 기대마저 꺾였을 때, 그 상태가 심령이 가난한 상태이다. 내가 그랬다. 공허하고 무기력했고, 주님 앞에 나아가긴 해야겠는데 내가 할 수 있는 일이 없었다.

새롭게 말씀 묵상이 시작되었다. 지금까지와는 다르게 말씀이 깨달아지고 그것이 또 기쁨이었다. 말씀을 보다가 '뭐라고 하시는 거지?'라고 들으려 했고, 더욱 정독하며 연구하게 되었다. 이해 안 되는 말씀은 주석을 챙겨 보았다. 지금은 말씀 연구하는 일이 일상이 되어 있다. 주석과 원어를 살피면서 성령의 깨달음이 있기를 기대했다.

그러다가 한 목회자의 큐티 밴드(BAND, 동호회나 스터디 모임, 주제별 모임을 그룹 멤버와 함께 할 수 있는 온라인 소통 공간)에 가입하여 매일 큐티를 하게 되었다. 내 큐티도 나누어 달라는 요청에 글을 올렸는데, 의외로 '좋아요, 아멘' 등 긍정적인 반응이었다. 구체적인 피드백의 댓글이 늘어나는 것을 보면서 얼마나 성도들이 말씀에 목말라 있는지 알게 되었다. 그러던 중 밴드 운영자 목사님에게 예의가 아니라는 생각에 탈퇴하고, 따로 큐티 밴드를 만들었다.

말씀 묵상이 저녁 10시에 시작하면 새벽 2시까지 이어졌다. 밴드에 큐티 내용을 올리고 나서야 잠자리에 들었으며, 다음 날 이른 아침에 밴드 멤버들의 댓글을 읽는 보람으로 눈을 떴다. 밴드 가입자 수가 급격하게

700명을 넘어섰다.

그러던 어느 하루는 새벽에 묵상하다가 통곡이 터졌다. 이런 일은 1년에 두세 차례 일어났는데, 한번은 바울과 나의 같은 점 하나와 다른 점 하나를 발견하던 순간이 있었다. 그 순간을 지금도 잊을 수가 없다. 바울도 오로지 십자가 복음을 전하기 위해 참 열심히 다녔고, 나 역시 십자가 피 묻은 복음을 전하기 위해 열심히 다녔으나 다른 한 가지, 바울은 복음을 전하며 고난이 흔적이 되었는데, 나는 복음을 전하며 돈이 흔적이 되어 있었다.

이 책을 통해 한국 교회 앞에 회개하고 용서를 빈다. 전도사 때 인형극을 하며 복음을 전했는데 교회를 향해 돈을 요구하면서 다녔다. 그런 내 모습과 바울의 모습이 비교되면서 너무나 가슴이 아팠고 부끄럽기 그지없었다.

"수고를 넘치도록 하고 옥에 갇히기도 더 많이 하고 매도 수없이 맞고 여러 번 죽을 뻔하였으니 유대인들에게 사십에서 하나 감한 매를 다섯 번 맞았으며(사실 두 번 맞은 줄 알았다) 세 번 태장으로 맞고 한 번 돌로 맞고 세 번 파선하고(파선도 한 번인 줄 알았다) 일주야를 깊은 바다에서 지냈으며 여러 번 여행하면서 강의 위험과 강도의 위험과 동족의 위험과 이방인의 위험과 시내의 위험과 광야의 위험과 바다의 위험과 거짓 형제 중의 위험을 당하고 또 수고하며 애쓰고 여러 번 자지 못하고 주리며 목마르고 여러 번 굶고 춥고 헐벗었노라 이 외의 일은 고사하고 아직도 날마다 내 속에 눌리는 일이 있으니 곧 모든 교회를 위하여 염려하는 것이라"(고린도후서 11:23b~28)

그런데 바울 속에서 가장 눌리는 일은 곧 모든 교회를 위하여 염려하는 것이라 했다. '이 외의 일은 고사하고'라고 했으니 '더 있다'는 말이 아닌가.

그 일이 있은 후, 늘 기도하는 주방 아일랜드 식탁 뒤에서 부끄럽고 참담하여 기도가 통곡으로 바뀌었고, 잠자던 아내가 다가와 등을 쓰다듬어 주곤 했다. 그럼에도 불구하고 말씀 묵상을 지속할 수 있었던 것은 큐티 밴드 덕분이었다. 언젠가 부부 싸움을 하고 엎어져 있던 나를 일으킨 것도 말씀을 기다리는 밴드의 성도들이었다. 그 밴드가 아니었다면 말씀 묵상을 포기하고, 글쓰기도 내려놓았을지 모른다.

빛이 약한 나에게 밴드는 빛으로 가는 다리였다. 다시 말씀 앞에 앉으면 또 은혜가 찾아오고 힘이 났다. 그 무렵 부부 싸움이 반복되었지만 그때마다 말씀 앞에 앉을 수 있었다. 그러한 시간이 우리 부부에게 변곡점이 되었다. 스스로 아내에게 평생 존댓말 쓰기로 작정하게 되었고, 7년이 지난 지금 아내와의 다툼은 사라지고 대화가 늘었다.

그때 말씀 묵상으로 먼저 준비되고 있다는 사실을 알지 못했고, 교회가 세워지는 것도 처음과 끝이 말씀이라는 것도 눈치채지 못했다. 신학교를 나오고 목사 안수 받으면 목사인 줄 알았으니까. 홍수 난 곳에 정작 먹을 물이 없다더니 내가 그 짝이었다. 그렇게 말씀의 눈이 서서히 밝아지고 있었다. 아파트 교회 부흥의 비결 백 가지를 말하라고 하면 백 가지 답은 모두 같다. 바로 '말씀 묵상'이다.

3 요한복음 6장 27절

신대원 시절, 나름대로 신학생 철학이 있었다. 신학생이 하나님을 사랑하는 것은 열심히 공부하고 기도하는 것이라고 굳게 믿었기에 열심히 공부하고 기도했다. 덕분에 전교 5등, 8등도 해 보았고 장학금도 받았다. 3학년 때는 사당동에서 공부했는데 1, 2학년 때 열심히 한 부작용이었는지 공부하기가 싫었다. 간신히 졸업하니 강도사 고시가 기다리고 있었고, 가까스로 통과해서 드디어 목사가 되었다.

목사 안수를 받았으니 목사인 줄 알았으며, 성도들을 잘 가르칠 수 있다고 믿었다. 그런데 정작 나 자신도 못 가르치고 있다는 것을 인생의 밑동이 잘리고 나서야 깨우쳤다. 목사는 목사 이전에 제자여야 하고, 예수님의 제자라면 예수님을 잘 알아야 한다. 아예 증인이어야 한다.

신학대학원을 우수한 성적으로 졸업하면 제자일까? 현실은 그렇지 않았다. 신앙과 신학은 엄연히 달랐다. 내 신앙은 엉망이었고 죄 하나 이길 수 없는 무력한 신앙인일 뿐이었다. 나의 무엇이 잘못되었는지 알게 된 것은 말씀 묵상이었다. 어느 날 요한복음을 묵상하다가 1장 1절에서 그만 고꾸라지고 말았다.

"태초에 말씀이 계시니라 이 말씀이 하나님과 함께 계셨으니 이 말씀은 곧 하나님이시니라"(요한복음 1:1)

부끄러운 고백을 해야겠다. 목사라는 사람이 말씀 생활을 하지 않으면서 성도들을 가르쳤다. 서재에 얼마나 많은 책이 있는가? 유명한 목사들의 강해집부터 주석까지. 또 책을 사는 데는 돈을 아끼지 않았다. 그러한 책을 참고삼아 얼마든지 설교할 수 있었다.

이렇게 습득한 말씀은 지식인가, 양식인가? 내 것인가, 아니면 저자의 것인가? 무엇보다 그 유명한 목사님의 해석은 과연 바른가, 비슷한가? 정확한 해석이라는데 맞는가? 그토록 베스트셀러로 인기를 몰았던 별들은 자신의 메시지대로 살지 못하고 왜 땅에서 떨어지는가? 한국 교회는 이러한 일들을 어떻게 설명할 것인가?

답은 분명하다. 내가 책을 통해서 얻은 것은 지식이고, 남의 것이며, 그렇게 살지 못했던 설교자들의 설교는 불확실하다. 한마디로 정확하지 않은 남의 지식을 가지고 목회했다는 결론이다. 물론 전부를 부정하려는 건 아니다. 지식도 우리가 함께 더불어 살기 위해 필요하다. 초등학교, 중고등학교, 대학교의 지식이 그러하듯이 말이다.

목회자는 누구인가? 의사로 치면 전문의여야 한다. 목회자 자신은 물론 주님께서 맡기신 양들의 영혼을 돌보는 사람들이다. 나조차 살지 못했는데 누구를 살린단 말인가? 예수님이 가장 먼저 하신 사역은 광야에서 사탄의 시험을 받으셨으나 말씀으로 완벽히 물리치신 것이었다. 그 이후에 복음을 전하시고 제자들을 불러 가르치셨다. 이것이 주님께서 보여주신 목회 모델이고 우리가 가야 할 길이다.

주님이 주신 깨달음이 있었다. 그러고 보니 의사 자격증이 없어도 면허 있는 의사를 고용해서 병원장이 될 수 있었다. 아! 그렇구나. 남이 쓴 책 열심히 읽어서 공부하고, 그것이 내 것인 줄 알았는데 남의 자격증 빌려 온 병원장이나 마찬가지였다. 난 자격증이 없는 목사로구나!

남이 써 놓은 책 열심히 카피해서 설교하면 이건 단지 지식 전달자에 불과하다. '목회자 파워하우스'에서 말씀 묵상을 가르치면서 목사님들 대부분이 나와 같은 모습으로 살아가고 있었다는 것을 알 수 있었다. 매주 수요, 금요, 새벽, 주일 설교를 준비하다 보면 늘 말씀과 함께 사는 것 같기 때문이다.

그렇다면 담임목사를 청빙할 때 박사 학위 자격증이 성도의 영혼을 양육하는데 능력이 있는지 없는지 가늠하는 자격 요건이라면 어떨까? '말씀으로 변화되었다'는 것은 '지식으로 변화되었다'는 것과는 전혀 다르다. 지식은 자칫 교만하게 하지만 말씀으로 변화된 사람은 결코 그럴 리 없다. 오직 겸손의 영역은 말씀만이 가능하다.

요한복음 10장 7절에 예수님은 자신을 '양의 문'이라 하셨고 "나로 말미암아 들어가면 구원을 받고 또는 들어가며 나오며 꼴을 얻으리라(요한복음 10:9)"라고 하셨다. 예수님이 곧 양들이 먹는 양식이다. 좀 더 구체적으로 요한복음 6장 27절에는 이렇게 말씀하셨다.

"썩을 양식을 위하여 일하지 말고 영생하도록 있는 양식을 위하여 하라 이 양식은 인자가 너희에게 주리니 인자는 아버지 하나님께서 인치신 자니라"(요한복음 6:27)

디베랴에서 오병이어의 기적을 목격한 무리들이 주님을 찾아 가버나움까지 따라오자, 그들의 열심이 복음을 위한 것이 아니라 자신의 욕망을 채우기 위함이라는 것을 아는 주님께서 하신 말씀이다.

그렇다. 유일하게 아버지 하나님께서 인치신 예수님이 양식이고, 예수님 자신이 주시는 것이 양식이다. 그럼 예수님은 누구에게 이 양식을 주시는 걸까? 예수님은 이 '영생하도록 있는 양식을 위하여 일하라'고 하셨다. 그러자 떡을 먹고 배불러 따라왔던 자들이 "어떻게 하는 것이 하나님의 일을 하는 것입니까?"라고 다시 물었다. 그러자 예수님은 "하나님께서 보내신 이를 믿는 것이 하나님의 일(요한복음 6:29)"이라고 말씀하셨다. 예수님은 하나님께서 보내신 이를 믿는 것이 하나님의 일이라고 단언하셨던 것이다.

우리는 하나님의 일을 한다면서 자신의 이익을 위해 현실적인 이유로 일을 하는지, 그래서 주님을 찾는지 가늠해 보라. 위장된 우상 숭배자가 되어 있는 것은 아닌지 경계해야 한다. 이 말씀을 어떻게 이해하느냐에 따라서 만일 임마누엘 주님을 믿는다는 것이 육체적인 종교 행위로 규정된다면 표면적인 유대인들과 다를 게 없다. 안식일 지키듯 주일을 지키고, 일주일에 두 번 금식기도 하듯 또 그렇게 매일 새벽기도를 빠지지 않는 일을 한다면 말이다.

말씀 곧 양식은 그런 육체적인 행위로 얻어지는 것이 아니라 '아버지께서 보내신 자'를 믿는 일이다. 보내신 자를 믿는 것, 덮어 놓고 믿을 수 없고 알아야 믿을 수 있는데 무엇을 알아야 하는가? 말씀을 잘 알아야 믿을 수 있다. 성경은 예수님을 증언하고 있기 때문이다.

"무릇 표면적 유대인이 유대인이 아니요 표면적 육신의 할례가 할례가 아니니라 오직 이면적 유대인이 유대인이며 할례는 마음에 할지니 영에 있고 조문에 있지 아니한 것이라 그 칭찬이 사람에게서가 아니요 다만 하나님에게서니라"(로마서 2:28~9)

우리는 마음의 할례 받은 자로 말씀이 말씀 되게 하시는 주님의 주권을 전적으로 믿고, 말씀이 오직 말씀으로 선포 되도록 삶을 살아가야 한다.

매출 1, 2위를 자랑하는 레스토랑(Restaurant)의 예를 들어보자. 소박하고 꾸밈이 없던 곳이었는데, 주차장에서 레스토랑에 이르기까지 인테리어는 물론 이용하기에 편리하게 바뀌기 시작하더니, 중산층 이상의 손님을 유치하기 위해 여러 모로 맞춤형이라고 홍보한다. 전문 인력이 적재적소에 배치되어 안내하는 서빙 서비스도 흠잡을 데 없다. 개업 당시와는 달리 메뉴판에는 손님 기호에 따라 선택하도록 세분화되어 있다.

게다가 식당을 찾은 손님들이 스스로 인증샷을 찍고 글을 써서 블로그나 인스타그램 등에 올리도록 유도하여 고객 유치에 힘쓴다. 그러다 보니 실제와는 다른 경우가 많다. 검색 순위에 오르면 레스토랑에서 손님 우대를 하기도 해서 그런 것이다. 예약 손님이 많을수록 방송에 맛집으로 소개되는 통에 유료 광고보다 더 효과적이라는 게 업계 종사자의 설명이다.

성공 사례자이자 식당 대표는 식당의 인지도가 높아짐에 따라 인품과 학식을 두루 갖추었다는 평단을 듣기도 하면서 방송은 물론 업계 유명 강사로 초청되기도 한다. 일석삼조의 효과인 셈이다. 무엇보다 롤모델로 삼는 동종 요식업계에서도 칭송을 아끼지 않는다.

매출 1위에서 6위까지 대개 매주 만 명이 넘는 예약 손님이 줄을 잇는다는 공통점이 있다. 그런데 언제부터인가 요리사의 프로필에 의혹이 생기고, 식재료에 거짓이 드러나고, 위생 문제까지 지적되면서 예약 손님의 발길이 40퍼센트 이하로 급감한 상황이다.

생각해 보자! 이러한 레스토랑의 사례가 교회의 모습이라면 어떠할까? 하나하나 대입하지 않더라도 우리는 이미 많은 것을 보고 듣고 경험하고 있다. 교회에서 성경 1독, 2독 …100독을 가르쳤지만 진정한 말씀을 잃어버리자 사이비 교주들이 성경 말씀을 가르쳐 준다고 성도들을 현혹해서 교회 밖으로 나가게 하고 말았다. 대표적인 사례가 신천지의 교리이다. 대놓고 '모략'이고, 교회를 '추수밭'이라고 일컫는다. '추수할 곡식'이란 곧 기성 교회 성도들인 셈이다.

우리는 무엇으로 생명을 얻는가? 무엇이 영의 양식이며 영적인 삶인가? 하나님은 예수님이시다. 말씀은 하나님이시다(요한복음 1:1). 곧 예수님이 아버지께서 유일하게 양식이라고 인쳐 주신 절대 유일한 양식이다.

목사로 살아온 지 수년째 되던 어느 날, 예수 그리스도가 우리의 유일한 양식이라는 깨우침과 부르심에 대해 묵상하고 나서야 알게 되었다. 지금 돌아보면 나 같은 목사는 무너지기를 정말 잘했다. 한 사람을 무너뜨려 이렇게 책을 쓰게 하시니, 하나님의 은혜에 감사할 뿐이다. 썩을 양식을 위해 목회하고 썩을 양식을 위해 열심이었던 나는 '썩을 놈'이었다고 고백한다.

4. 모퉁잇돌 놓기

아파트 교회에 한 전도사가 찾아온 적이 있다. 지인의 교회를 이어받아 목회하다가 이런저런 갈등과 혼란으로 결국 목회를 내려놓고, 자동차 영업 사원(Car Salesman)으로 살아가고 있었다.

그 전도사에게 말씀 묵상을 어떻게 하는지 전하자 감동한 전도사는 매주일 청라까지 오게 되었다. 꽤 먼 지역에 있었는데 한동안 함께 하였다. 그분이 변화되기 시작했다. 새벽기도 때 오랜 시간 간절히 부르짖으며 기도하였고, 지인 목사와의 화해가 이루어져 그 교회로 다시 돌아가게 되었다. 내려놓았던 목회의 열정도 살아났다. 그분이 자동차 영업 사원에서 다시 목회자로 돌아가기까지, 오후 말씀 묵상 예배가 있었다.

아파트 교회의 오후 말씀 묵상 예배는 여느 예배와는 다르다. 우선 예배 시간이 3시간 동안 이어져서 대개 1시간 또는 1시간 반의 예배에 비하면 두세 배의 시간이었다. 예배의 시작은 본문 말씀과 함께 A4 용지를 앞에 놓고 1시간 동안 스스로 묵상하는 거다. 강대상에서 선포하는 말씀을 듣다가 찬송하고, 기도하고, 교제한 후 집으로 돌아가는 예배와는 사뭇 달랐다.

예배 시작 즈음에 내가 공부하고 참고한 본문 주석을 프린트해서 나눠 드린다. 말씀을 모른다고 물러설 수 없고, 각자 묵상 내용을 발표해야 하기에 스스로 묵상하지 않을 수 없다. 무엇보다 자신이 누구이고 어떤 상황인지 살펴야 말씀 중심의 결단이 가능하다. 1시간의 말씀 묵상이 길다고 하겠지만 마치 15분 같았다는 게 성도들의 일반적인 고백이다.

나 역시 성도들과 함께 말씀을 묵상하고, 동일하게 나 자신을 살핀다. 미리 말씀 본문을 별도로 준비하거나 설교하듯 하지 않는다. 1시간이 지나고 나서 한 사람씩 내밀한 고백이 강대상에서 이루어지는 묵상 예배의 아름다운 광경이 펼쳐진다. 그 자리에 있다면 누구나 감동하기 마련이다.

성도들이 때로는 감사하며 고백하고, 때로는 어렵사리 발표한 후에 개별 지도가 이어진다. 나 역시 자라지 못한 인격인지라 성도들의 상황이 안타까워 마음을 졸이고, 가슴 아파서 눈물짓기도 한다. 살이 떨리고 아프다는 돌직구도 날린다. 하지만 그 시간이 얼마나 큰 하나님의 은혜인지 고백할 수밖에 없다.

저녁 예배 참여 성도가 얼마 없으니 한 사람씩 말씀 지도가 가능하다는 것도 큰 장점이었다. 성도들의 시간이 끝나면, 내 차례였다. 성도들이 빛으로 인도되도록 말씀을 전해야 한다. 성도들이 묵상하고 씨름한 본문을 얘기하고, 서로 주의 깊게 듣다 보면 말씀 안으로 들어갈 수밖에 없다. 혼자 묵상할 때 미처 보지 못했던 주의 말씀이 들리고, 깨달음에 은혜 받으며 놀라워한다. 그리고 목사가 차린 널찍한 말씀 밥상에서 먹고 마시고 나서 마무리된다.

이것이 아파트 교회 오후 예배의 모습이다. 서로 서로 얼마나 배고픈지 얘기한 후 맛있는 양식을 먹는 셈이다. 예배 시작부터 마칠 때까지 오직 말씀에 집중한다. 그러니 어떻게 신앙이 회복되지 않을 수 있겠는가. 이렇게 1년 동안 말씀 생활을 하다 보면 미약하나마 신앙의 회복을 경험한다. 이때 다 배웠다고 게을러지지 말아야 한다. 이것이 중요 포인트다.

지금까지 묵상하지만 여전히 말씀이 새롭다. 7년째 왜 '하나님 말씀'인지에 계속 놀라고 있다. 해를 거듭할수록 1년 전에 묵상하면서 발견한 말씀의 진리가 얕은 지식에 불과하다는 것을 깨닫기 때문이다.

　말씀의 깊이는 곧 해석의 문제이다. 원어를 일일이 찾아가면서 다시 보는 말씀은 또 다르다. 하지만 원어를 다 찾아가며 공부했다고 해서 말씀에 깊어졌다고 할 수는 없다. '양식 준비하기'에서 언급했듯이 말씀은 전적으로 주님의 주권이어서 해석도 그 지점에서 출발해야 한다. 신앙의 선배들의 주옥같은 주석들 뒤에는 반드시 주님의 은총이 함께하고 있다는 것을 잊어서는 안 된다.

　이 점이 얼마나 중요한가? 어린아이가 성장하듯 말씀 해석도 자란다. 어느 정도 성장하고 나면 성숙의 과정이 찾아온다. 5살 어린아이의 '서로 사랑해야 한다'라는 말과 백발의 노인이 된 바울의 마지막 유언인 '사랑하라'는 말씀은 깊이와 의미는 완전히 다르다.

　언젠가 내수동교회 박희천 원로목사의 신문 인터뷰 기사에서 "신학대학을 졸업하고 목사 고시를 마친 다음 날부터 성경 유치원에 입학해야 한다. 그때부터 목숨 걸고 성경을 따로 연구해야 한다."라고 하신 말씀을 기억한다.

　신학대를 졸업하고 목사 안수를 받았는데, 다시 유치원에 입학해야 한다는 것은 신학과 성경이 다르다는 의미이다. 이제 성경 볼 준비를 마쳤다면, 성경 유치원에 입학하여 초등학교, 중고등학교, 대학교 과정을 밟듯이 말씀으로 목회 실력을 쌓아 가야 한다.

　그런데 매일 성경을 연구하는 것보다 더 중요한 문제가 있다. 그 해석이 틀린 해석이라면 어쩌겠는가? 성경을 300~400독을 하고 1,000독을 했는데 겸손한 모습은 없고 거친 언어와 분쟁하겠다는 태도로 일관한다면, 모퉁잇돌이 잘못 놓인 것이다. 아무리 사랑을 말해도 '말 한마디' 하는 것을 보면 예수님의 사람이 아니라는 것이 들통 나기 마련이다.

말씀으로 성장했다면 반드시 성숙의 과정이 이어져야 한다. 그때 비로소 바울같이 약한 것을 드러낼 수 있다. 진리가 들어올수록 자신이 아무것도 아니라는 실존이 인식되고 하나님의 위대함만 드러나기 때문이다. 만약 지식을 자랑하는 해석을 가르친다면 배가 산으로 가듯 엉뚱한 방향으로 가기도 한다. 성경을 깊이 공부했다는 사람들이 남을 살리는 검이 아니라 교회를 해치는 좌우에 날 선 검이 되기도 하지 않던가.

64년 동안 하루 7시간 30분 성경을 연구하셨다는 박희천 목사는 "태산의 한 모퉁이를 손가락으로 긁은 것밖에 안 된다"고 고백하셨다. 정말 대단하시다. 이분의 해석이라면 성경이 우리를 이끄시는 방향이리라.

한 가지 예를 들어 보자. 여호수아서를 묵상하면서 '만나는 속히 그쳐져야 한다'는 사실을 알았다. 많은 그리스도인이 만나를 내려 달라고 기도하고 감사하는데, 성경은 만나 먹은 백성들은 젖과 꿀이 흐르는 가나안 땅에 들어가지 못하고 광야에서 다 죽었다고 기록하고 있다. 예수님도 만나 먹는 백성들은 다 죽었다고 하셨다.

"내가 곧 생명의 떡이니라 너희 조상들은 광야에서 만나를 먹었어도 죽었거니와"(요한복음 6:48~49)

유월절도 그렇다. 출애굽 할 때 유월절은 사망이 넘어갔다고 들었는데 말씀에 순종하지 않아서 가나안 땅에 못 들어가고 광야에서 다 죽었다. 할례도 마찬가지다. 광야에서 태어난 사람 외에 할례 받은 백성도 가나안 땅에 들어가지 못하고 광야에서 다 죽었다. 왜 그랬을까?

이 의문을 여호수아서를 묵상하면서 풀어낼 수 있었다. 만나가 언제 그쳤냐면 요단 강을 건넌 후였다. 광야 세대는 끝까지 말씀에 불순종했으나 여호수아 세대는 요단 강 건너 가나안 땅에 입성했던 것이다.

"그들이 여호수아에게 대답하여 이르되 당신이 우리에게 명령하신 것은 우리가 다 행할 것이요 당신이 우리를 보내시는 곳에는 우리가 가리이다 (중략) 누구든지 당신의 명령을 거역하며 당신의 말씀을 순종하지 아니하는 자는 죽임을 당하리니 오직 강하고 담대하소서"(여호수아 1:16~18)

그렇게 하나님의 말씀과 지도자의 명령에 순종하여 요단 강을 건너 '길갈'에 이르자 하나님은 이들에게 할례를 행하라 하셨다. 말씀과 할례가 연결되는 현장이다. 이때 성경은 순종하지 못한 광야 사람들을 한 번 더 언급한다. 광야에서 죽은 백성들은 다 할례를 받았지만, 여호와의 음성을 청종하지 아니하므로 여호와께서 젖과 꿀이 흐르는 땅을 그들이 보지 못하게 하셨다며, 그들의 대를 잇게 하신 이 자손에게 여호수아가 '할례'를 행하였다고 기록하고 있다(여호수아 5:5~7).

할례는 육신의 할례가 진정한 할례가 아닌 모세가 신명기에서 일찌감치 광야에서부터 불순종하는 광야 세대에게 말씀하신 '마음의 할례'인 '말씀 순종'이 진정한 할례라는 것을 알 수 있다. 말씀 순종을 한 후 길갈에서 받은 할례가 진정한 마음의 할례였다.

모세는 신명기에서 마음의 할례를 이렇게 표현했다.

"이스라엘아 네 하나님 여호와께서 네게 요구하시는 것이 무엇이냐 곧 네 하나님 여호와를 경외하여 그의 모든 도를 행하고 그를 사랑하며 마음을 다하고 뜻을 다하여 네 하나님 여호와를 섬기고"(신명기 10:12)
"그러므로 너희는 마음에 할례를 행하고 다시는 목을 곧게 하지 말라"(신명기 10:16)

로마서에서 바울도 마음의 할례를 강조했다.

"무릇 표면적 유대인이 유대인이 아니요 표면적 육신의 할례가 할례가 아니니라 오직 이면적 유대인이 유대인이며 할례는 마음에 할지니 영에 있고 율법 조문에 있지 아니한 것이라."(로마서 2:28~29a)

마음의 할례는 곧 말씀 순종이다. 말씀에 순종하려면 내 마음을 죽여야 가능하다. 말씀 순종은 젖과 꿀이 흐르는 땅으로 인도하는 유일한 길이다. 하나님은 이렇게 말씀 순종으로 요단 강을 건너 가나안 땅에 입성했을 때 비로소 여호수아에게 '애굽의 수치'가 너희에게서 떠나가게 하셨다고 선언하셨다. 여호수아는 그곳 이름을 길갈이라 이름을 붙였다.

이 말씀 순종을 이해하니 뒤따라 나오는 유월절이 비로소 이해가 갔다.

말씀 순종이 곧 사망을 이기는 것이구나! 그래서 말씀 순종으로 요단 강을 건넜을 때 길갈에서 할례도 행하고 유월절도 행하라고 하셨구나! 그렇게 유월절이 지나고 그 땅의 소산물을 먹은 다음 날에 만나가 그쳤다(여호수아 5:10~12). 가나안의 젖과 꿀이 흐르는 땅은 그것을 얻기 전에 먼저 젖과 꿀인 말씀을 먹고 순종해야만 얻게 하신 거다. 말씀 순종만이 출애굽의 목표인 가나안 땅의 입성이요 진정한 패스 오버(Pass Over)이다. 왜 가나안 땅을 젖과 꿀이 흐르는 땅이라고 하셨는지도 알 수 있다.

잠언과 시편에는 '주의 말씀'을 이렇게 표현한다.

"내 아들아 꿀을 먹으라 이것이 좋으니라 송이꿀을 먹으라 이것이 네 입에 다니라"(잠언 24:13)

"여호와를 경외하는 도는 정결하여 영원까지 이르고 여호와의 법도 진실하여 다 의로우니 금 곧 많은 순금보다 더 사모할 것이며 꿀과 송이꿀보다 더 달도다"(시편 19:9~10)

베드로는 말씀을 '젖'이라고 표현했다.

"갓난 아기들 같이 순전하고 신령한 젖을 사모하라 이는 그로 말미암아 너희로 구원에 이르도록 자라게 하려 함이라"(베드로전서 2:2)

하나님께서 사람을 창조하시고 복을 주셨는데 이때의 '복'도 원어로 בָּרַךְ(바라크, 1288) 곧 '엎드려 여호와를 경외'한다는 뜻이다.

그래서 신자들이 반드시 들어가야 할 땅은 젖과 꿀이 흐르는 땅인 말씀 순종의 삶이다. 말씀 순종이 진짜 복이고 가나안 땅의 소출은 복의 효과일 뿐이다. 그런데 우리는 여전히 만나를 내려 달라고 기도하지 않는가. 만나는 가나안 땅에 들어가기 전의 임시 과정이다.

생각해 보자. 진짜 할례는 말씀 순종이 된 요단 강 건넌 후 길갈에서의 마음의 할례이고, 유월절은 말씀 순종으로 요단 강 건넌 후 길갈에서의 유월절이 진짜 패스 오버이다. 그래서 '만나는 그쳐지고 젖과 꿀인 말씀 먹어 말씀이신 예수님께서 주인이 되시는 젖과 꿀이 흐르는 땅에 들어가게 하소서'가 더 성경적이다. 이렇게 말씀이 실제가 됐다면 바른 말씀 해석의 모퉁잇돌이 놓인 것이 아니겠는가.

이처럼 성경 묵상을 통해 바르게 깨달아야 예수님을 믿는 원리를 알고, 성경이 이끄는 대로 갈 수 있다. 그래서 해석이 중요하다. 틀리거나 비슷하게 설교하면 우리의 믿음도 틀리거나 비슷하게 될 것이다. 에베소서에서 예수님이 모퉁잇돌이 되시고, 교회의 머리가 되신다고 했다. 150층 빌딩을 짓는다고 할 때 모퉁잇돌이 0.5도 기울어졌다고 가정해 보자. 그 0.5도 기울어진 모퉁잇돌 위로 150층을 계속 건축했다면 어떤 일이 벌어질까? 재앙일 것이다.

또한 오늘날 우리가 쓰는 교회 용어들인 전도, 예배, 선교, 찬양, 기도 등은 정말 성경에서 말하는 내용일까? 그렇지 않다면 모퉁잇돌이 기울어진 것과 같을 것이다. 결국 무너지거나 허물어야 한다. 천국 문 앞에서 '불법을 행하는 자들아 내게서 떠나가라'는 말을 듣게 될 것이다.

묵상은 카피할 수 있어도 바른 해석은 카피할 수 없으며, 순종과 거룩

또한 카피할 수 없다. 말씀을 사랑하는 자를 사랑하시는 하나님의 사랑도 카피가 불가능하다.

5 목사 자격증?

캄보디아 현지 목회자 부부 컨퍼런스에서 강의한 적이 있었다. 우리 아파트 교회 새가족 교재인 요한복음 1과부터 7과까지를 가르치고 나서 식사 자리에 강사들이 함께 하게 되었다. 그 자리에서 강사로 오신 원로 목사님이 설교 노하우라며 권면한 말씀에 당혹스러웠다. 같은 교회에서 같은 본문으로 수년 전 설교를 그대로 한 적이 있다면서, 그때부터 성경 본문에 설교한 날짜를 메모하게 되었다고 한다. 목사님 나름대로 추천한 꿀팁이었다. 나는 내심 놀랐고, 그 자리에 동행한 우리 교회 집사님 보기가 민망했다.

해마다 자연스럽게 말씀의 깊이와 넓이가 달라진다. 우리 예수님 말씀의 깊이와 넓이가 가늠하기 어려운데, 어떻게 수년 전의 설교를 반복할 만큼 빈곤하단 말인가. 하지만 나 역시 돌이켜 보면 그 원로 목사님과 별반 다를 바 없었다.

이것은 교회 제자훈련이 끝나고 식사하러 갈 때 무엇을 먹을까 어느 식당을 갈까 고민하는 수준이다. 아파트 주변의 웬만한 식당에서는 이미 다 먹어 보았기 때문이다. 성경 말씀은 그렇지 않다. 매끼 식사를 하고 매일 배설하는 음식과는 비교할 수 없다.

성경을 단순히 하나님의 말씀이라고만 알고 10여 년을 지내왔다. 남의 설교집을 짜깁기 하며 그것만으로도 성도들이 감동하는 모습을 보면서 꽤 괜찮은 설교자인 줄 알았다. 그렇게 자족하며 살아왔다. 그러나 말씀을 한 절 한 절 묵상하기 시작하면서, 말씀마다 정말로 수많은 훈련의 과정으로 인도하셨다.

가장 먼저 요한복음 1장 1절에 고꾸라졌다. 태초부터 하나님과 함께 계셨던 '말씀'이라는 사실에 무릎 꿇기로 작정한 후 말씀 훈련이 시작되었다. 이래서 말씀이구나! 감동한 내게 계속해서 왜 '말씀'인지 알게 하셨다. 그 다음에 우리의 마음밭이 얼마나 중요한지, 좋은 밭이 천국의 비밀이라는 것을 깨달았고, 순종하지 않으면 옛사람이 죽지 않는다는 사실도 알 수 있었다.

이후 '거룩'에 눈뜨게 되면서 내 안의 죄악과 치열한 전쟁을 치러야 했다. 그러면 그럴수록 더욱 말씀과 동행하게 되었고, 진리가 주는 승리의 순간을 만났다. 그렇지만 죄악과의 전쟁이 사라지는 것은 아니었다. 거듭거듭 승리하면서 말씀 연구하는 일상이 지속되었다. 사소한 만남이 최소화되었고, 언제부터인지 눈물의 기도가 넘쳤다. 어릴 적 지은 죄까지 돌이켜 회개하게 되면서 하나님께 범죄한 지난날이 마냥 고통스러웠다.

그 과정이 지나면서 비로소 성령께서 임재하시는 '기름 부음(χρίσμα, 5545, 크리스마)'이 있었고, 그래야 말씀을 바르게 깨닫는다는 사실도 알게 되었다(요한일서 2:20). 아픈 성도들을 위해 기도하면서 말씀의 권세가 무엇인지 깨닫고 머리를 쥐어박았다. 목사 된 자로서 비참한 순간이었다. 내가 '나중 된 자'였다. 이렇게 목사의 눈에서 하루도 빠짐없이 눈물이 흐르는 것이 신기할 정도였다.

천국에서 가장 큰 자가 어린아이라고 하지 않던가. 성경에서 '어린아이'를 묵상하면서 '겸손'이 내 안에 들어왔다. 어린아이같이 된다는 것이 무엇인지 깨닫자 나 자신의 영혼이 '우상'이요(네페쉬 바알) '견고한 진'이었다. 그뿐인가. 지도자가 무엇이고 약함이 무엇인지, 교회가 무엇이고 '하나 됨'이 무엇인지, 주의 종으로 산다는 것은 무엇인지, 말씀을 파고 파도 끝없이 솟아나는 샘물 같았다.

그후 지금까지 말씀 묵상은 지속되었다. 그런데 수년 전 설교한 그 교회에서 같은 설교를 했다는 것은 있을 수 없는 일이다.

미국 Southwestern Baptist Theological Seminary에서 D.Min 수업 기간이었다. 주말에 D.Min 동기들과 함께 미국 교회에서 예배를 드린 적이 있다. 담당 교수님이 미국 교회 담임목사와의 친분이 있어서 양해를 구하고 탐방한 것이다.

미국 교회 목회에 대해 질의하는 시간이었다. 나는 교회의 프로그램이 궁금하지 않았고, 예배 형식도 궁금하지 않았다. Sunday School이 어떻게 운영이 되는지도 궁금하지 않았다. 기독교가 국교인 나라, 그것도 바이블 벨트라는 텍사스 댈러스의 미국 교회 담임목사는 어떤 신앙인지, 그것이 궁금했다.

그래서 이렇게 물었다. "지금 주님이 목사님을 훈련하고 있는 이슈(issue)가 무엇이라고 생각하십니까?" 목사님은 당황하는 기색이 역력했다. 동기들도 놀라는 듯했다. 잠시 머뭇거리던 목사님은 기도가 부족하다고 했다. 10년차 담임목사의 답변은 나의 기대치에 못 미쳤다.

말씀 생활을 하다 보면 날마다 발견한 진리로 기쁘고 감탄사가 절로 나온다. 나도 몰랐던 내 모습이 들통나고, 그에 대해 나누기에도 시간이 모자라다. 잠시 성도들과 나눌 때도 주제는 언제나 말씀이었다. 성도들은 내 말을 또 듣겠다고 핸드폰 녹음 기능을 켜 놓기 일쑤였다. 그런 이야기를 듣고 싶었는데, 그저 기도가 부족하다는 답변이 아쉽기만 했다.

그렇다면 우리 목사들은 자라나고 있는가? 자격증이란 정부나 기관, 학회에서 특정 분야에 대해 그 전문성을 공식적으로 인정하는 증명서다. 전문가란 뜻이며, 일을 믿고 맡겨도 된다는 허락이나 다름없다. 목사는 어떠한가? 전혀 그렇지 않다. 그 실력을 알 길이 없다. 설교 좋다고 소문났다면 가늠이 되겠지만, 그렇다고 목사 자격이 있다고 할 수도 없다. 얼마 전에 홍정길 목사님이 바른 소리 한다고 그 사람이 바른 사람은 아니라고 하셨다. 강대상에서는 누구든지 바른 소리를 하지 않겠는가.

세상의 모든 자격증은 금방 실력 차이를 알 수 있다. 경력이 늘면 늘수록 그 분야의 내공이 깊어지기 때문이다. 나의 아버지는 목수였다. 어느 날 아버지가 망치질 하는 모습을 본 적이 있었다. 그 큰 대못을 빠르게 반복하면서 사정없이 내려쳤고, 그때마다 대못은 나무 속으로 들어가 키가 작아졌다. 목수는 망치질 하나만 봐도 그 실력을 알 수 있다고 한다.

요한복음 제자훈련을 마치고 마태복음을 연구하면서 제자훈련 교재를 만들었다. 예수님께서 광야에서 시험받는 부분을 보다가 4장에서 목사 자격증을 찾을 수 있었다. 마치 광야가 '사역 자격증' 시험장 같았다.

40일을 밤낮으로 금식하신 후 주리실 때 시험하는 자가 찾아온다. 이

시험에서 합격하고 예수님은 공식적인 사역을 시작하셨다. 가르치는 자들이 반드시 통과해야 얻는 자격증 같았다. 예수님이야 통과하시겠지만 우리 사역자들을 일깨우려고 성령에 이끌려 시험을 받으신 것은 아닐까?

예수님은 세 가지 시험을 받으셨다. '떡, 뛰어내릴 것, 세상의 부귀영화' 즉 정욕, 권세, 돈이었다. 그리고 더 중요한 시험이 숨어 있었다. '하나님의 아들이거든 드러내라'는 것이다. 사실 이는 치명적인 시험이었다. 예수님은 하나님의 본체이나 종의 형체로 오셨다. 십자가에서 죽기까지 복종하러 오셨는데 자신이 하나님이라고 스스로 능력을 드러냈다면 그 자체가 진리의 길에서 벗어났다고 할 수 있다. 이를테면 돌로 떡을 만들어 먹이는 일보다 그 능력을 드러내지 않기가 더 어려웠을 것이다. 이 내용은 차후에 나누기로 하자.

한편 목사로 산 지 30년이 넘고, 새벽기도와 철야기도, 산기도까지 합하면 당연히 득도의 경지에 이르러야 한다. 게다가 웬만한 신학대 석사, 박사 학위는 필수로 갖추지 않았는가. 그러나 그렇지 않다. 목사들이 말씀으로 채워져 있지 않다면 시험에 빠지기 쉽다. 내 안의 정욕을 이기기 어렵다. 음란이나 접대, 성도 수와 교회 크기에 대한 욕망, 어디 그뿐인가. 당장 운전할 때 갑자기 끼어 들어오는 운전자에게 험악한 소리를 내지를 수도 있다.

스마트폰에서 할 수 있는 〈애니팡〉이라는 게임이 있다. 한 목사님이 10만 점이 넘어 1등 했다는 화면을 캡처해서 단톡방에 올리자 흥미를 느꼈다. 우리 아이들과 함께 도전해 보리라 마음먹고, 두 아이를 양 옆에 누인 후 몇 차례나 시도했지만 4만 점을 넘지 못했다. 어느덧 수요예배 시간이 다가왔고, 강대상에서 준비 기도를 하는데 게임에서 들렸던 'Game Over' 소리가 귓전을 맴돌았다. 말씀과 함께 살지 않았을 때 일이다.

그 다음에 목사가 가장 많이 넘어지는 문제는 '돈'이다. 과연 돈을 이길 수 있을까? 빌립보서를 묵상하면서 바울은 내게 유익하던 모든 것을 배설물로 여긴다고 했다. 과연 돈이 배설물로 여겨지는가? 그때는 그 말씀이 이해가 되지 않았다.

마가복음을 묵상하면서, 그러니까 말씀 묵상 6년 만에 인천 송도의 32평 아파트를 팔아서 교회에 드린 것은 내 삶에서 주님이 너무나 커졌기 때문이다. 이런저런 상황에 놓일 때마다 나아갈 지혜를 허락하셨고, 나와 함께 하신다는 믿음에 의심이 없었다.

그 과정은 훈련이었다. 때로는 곤욕스러웠고 때로는 힘겨웠지만, 시간이 지날수록 마치 내 통장이 예수님 통장 같았고, 마치 3조 원이나 입금된 듯이 아무 걱정이 없었다. 그 마음이 오르락내리락 했지만 걱정 없는 시간이 늘어났다.

그래도 어느 틈에 돈에 대한 욕망이 따라붙었다. 그토록 절실하게 깨달아도 흔들리곤 하는데, 말씀 훈련이 안 된 채 수백 명, 수천 명의 성도가 모이는 교회의 목사가 어떻게 돈에 대해 깨끗할 수 있을까? 이렇게 가정해 보자. 혹시 내가 성전 꼭대기에서 뛰어내리더라도 천사가 내 발을 돌에 부딪치지 않도록 받쳐준다면 어떨까? 만약 암을 고치고 귀신 쫓는 능력이 나타날 때 성도에게 감사헌금을 하지 말라고 할 수 있는가?

성경에서 예수님은 거저 받았으니 거저 주라고 하셨다. 아무리 큰 기적과 이적을 행했다 해도 하나님의 뜻이 아니고 자신의 명예나 과시욕이었다면 하나님 앞에 정당화될 수 없다. 그런데 오늘날 감사헌금 하라는 소리를 어떻게 대놓고 할 수 있는지 모르겠다. 설령 능력과 권세가 있다고 해도 하나님의 뜻을 떠나 본분을 망각하기도 한다. 말씀으로 돈에서 자유로워져야 은퇴하고 죽을 때까지 타락하지 않을 수 있다. 유혹과 시험에 넘어가지 않도록 성도들을 애타는 마음으로 목양하며 교회를 세워 나가기를 바란다.

예수님께서 시험하는 자의 시험을 이기신 후 말씀을 이루려 가버나움으로 가서 사셨다. 이를 마태복음은 이렇게 증언하고 있다.

"이 때부터 예수께서 비로소 전파하여 이르시되 회개하라 천국이 가까이 왔느니라 하시더라"(마태복음 4:17)

너무나 놀랐다. 아, 예수님은 말씀으로 시험하는 자의 가장 강력한 시험을 완전히 승리하신 후에 사역을 시작하셨다. 회개하라고 외칠 수 있는 '자격'을 보여주셨다.

예수님도 그러하셨는데 우리는 어떠한가? 말씀 안에 거하는 우리도 이기며 나아갈 수 있다. 요한복음에서 더 확실하게 쐐기를 박으셨다.

"진리를 알지니 진리가 너희를 자유롭게 하리라 (중략) 진실로 너희에게 이르노니 죄를 범하는 자마다 죄의 종이라 종은 영원히 집에 거하지 못하되 아들은 영원히 거하나니 그러므로 아들이 너희를 자유롭게 하면 너희가 참으로 자유로우리라"(요한복음 8:32~36)

목사는 성도에게 회개하라고 외친다. 그러나 목사 자신이 죄의 결박에 묶여 있는데 어떻게 회개하라고 권하겠는가. 음란하고, 부부 싸움이 잦고, 여전히 세속적이고, 돈을 좋아하고, 헛된 야망으로 가득 차 있는데 과연 목사 자격증을 갖추고 있는가? 과거의 내 삶이 필름처럼 지나갔다. 난 죽어 있던 목사였다. 그런 목사인 나도 얼마든지 대형 교회 부목사로 사역했고, 유명한 집회 강사로서 선포할 수 있었다. 지금 생각하면 아찔하다.

회개하라고 외치려면 회개 자격증이 있어야 한다. 회개를 외치는 자신이 먼저 죄를 끊고 날마다 이겨야 한다. 인간이 어떻게 죄를 안 지을 수 있느냐고 피하지 말아야 한다. 그렇다면 십자가에서 돌아가신 주님은 누구인가? 죄를 이길 수 있는 권세가 없는 분인가? 진리는 생명과 빛이라고 하셨고, 견고한 진인 나의 무지를 파하셔서 진리 앞에 순복하게 하시는 능력이었다.

말씀 생활은 인내함으로써 열매 맺는다. 성경이 왜 좁은 문으로 들어가라고 하며, 말씀을 듣고 행하여 반석 위에 집을 지으라고 하겠는가. 목사 자격증은 분명히 있어야 한다. 목사 자신이 먼저 말씀을 먹고 순종하면서 예수님을 선명하게 볼 수 있도록 닮아 가는 사람이 목사여야 하지 않겠는가.

| PART 2 말씀 쉐프 |

아파트 교회에 없는 세 가지

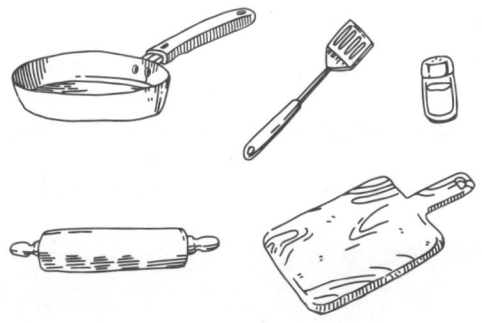

우리는 하나님의 동역자들이요
너희는 하나님의 밭이요 하나님의 집이니라
(고린도전서 3:9)

1 / 천국 열쇠 받기

아파트 교회 목양실은 정말 역대급이었다, 청라 호수도서관! 나라에서 나를 위해 이렇게 큰 도서관을 만들어 주다니. 개척 교회 목사의 목양실이자 나의 연구실은 도서관이었다. 그곳에서 요한복음을 21장까지 매주 한 장씩 총 25과로 구성된 요한복음 제자훈련 교재를 만들었다.

요한복음은 예수님에 대해서 명확하게 증언하고 있었다. 2년 동안의 임상을 마치자 목회자들이 모이기 시작했다. 목회자 파워하우스는 그렇게 시작되었다. 참여 목회자들의 교단은 각기 달랐다. 합동, 통합, 감신, 합신, 대신, 기하성, 성결, 침례, 합정. 구세군만 없었다. 대전과 상주에서도 매주 모였다. 그래서 한국 교회 교단별로 목사님들의 말씀 생활을 확인할 수 있었다.

그러던 어느 날, 페이스북 친구 사모님이 목회자 파워하우스에 참여하겠다는 의사 표시를 했고, 첫 수업에 남편 목사님과 함께 오셨다. 우리는 서로 교제하면서 사모님의 몸이 아프다는 것을 알았다. 태어날 때부터 신장에 이상이 있었고, 잠자고 일어나도 화장실에 가지 않을 정도로 몸에서 소변을 걸러 내지 못했다. 어느 순간 나사렛 예수 그리스도의 이름으로 기도하게 되었고, 그 후 사모님의 건강에 소변을 보는데 이상이 없었다. 병원 검사 소견도 정상이었다. 49년 만에 고쳐진 질병이었다.

의사도 병을 고치듯이 예수 그리스도의 이름으로도 병을 고칠 수 있다. 그러나 예수님을 시험하여 표적을 구하는 자들에게 예수님은 단호히 표적을 거절하셨다.

"악하고 음란한 세대가 표적을 구하나 요나의 표적 밖에는 보여 줄 표적이 없느니라 하시고 그들을 떠나 가시니라"(마태복음 16:4)

한마디로 악하고 음란한 자들은 회개나 하라는 뜻이다. 그러나 제자들에게는 달랐다. 보여주신 기적이 많다. 병 고침은 물론 날 때부터 맹인 된 자의 눈도 보이게 하시고, 앉은뱅이도 걷게 하셨다. 심지어 오병이어는 무엇인가? 그리고 죽은 지 4일이 된 나사로도 다시 살린 분이었다. 이것이 제자들에게 보여주신 표적이었다.

하지만 예수님이 제자들에게 물으셨다. "사람들이 나를 누구라 하느냐?" 그 당시 무리들이 예수님을 어떻게 인지했는지 제자들의 답변을 통해서 알 수 있다.

"이르되 더러는 세례 요한, 더러는 엘리야, 어떤 이는 예레미야나 선지자 중의 하나라 하나이다"(마태복음 16:14)

예수님을 꽤 신뢰한다는 그들이었으나 모두 오답 인생이었다. 이렇게 예수님을 모르고, 또 믿지 못하면 오답 인생이다.

예수님은 다시 제자들에게 물으셨다. "이르시되 너희는 나를 누구라 하느냐?" 그러자 시몬 베드로가 기절초풍할 대답을 하였다.

"주는 그리스도시요 살아 계신 하나님의 아들이시니이다"(마태복음 16:16b)

이 고백 후에 예수님은 베드로에게 엄청난 약속을 하셨다.

도대체 이 고백이 얼마나 중요하길래 이 고백을 했다고 복이 있다고 하시고, 이렇게 알게 한 것은 절대로 혈육으로는 깨닫지 못하는 것이고, 하늘에 계신 아버지가 알려 주신 것이라고 하셨을까? 그뿐 아니라 이 고백을 반석이라 하시고, 그 반석 위에 주님의 교회를 주님이 세우신다고 하셨단 말인가? 여기서 끝나지 않는다. 음부의 권세가 이기지 못하며 주님이 직접 천국 열쇠까지 주신다고 하셨다. 이 열쇠로 베드로가 땅에서 무엇이든지 매면 하늘에서도 매일 것이고, 무엇이든지 땅에서 풀면 하늘에서도 풀릴 것이라 하셨다(요한복음 16:17~19).

이 한 구절이 얼마나 놀라운 고백인지 모른다. 그런데 오늘날 우리에게 적용해 보면 뭔가 개운치 않다. 모두 이 고백을 하고 있고, 이 고백이 복인데 왜 다들 힘겨워할까? 반석 위에 교회를 세운다고 하셨는데, 교회는 왜 문을 닫아야 하고 자립이 안 될까? 음부의 권세는 둘째 치고 왜 이단들이 들어와 야단법석을 떨까? 천국 열쇠는 어디에 쓰는 것일까? 이건 베드로에게만 주신 것일까? 사도행전을 묵상하다가 이 의문이 풀렸다. 사도행전 3장을 보면 제구시 기도 시간에 베드로와 요한이 성전에 올라갈 때 날 때부터 못 걷게 된, 성전 문에서 구걸하던 자를 만난다. 그가 베드로와 요한에게 돈을 구걸하자 베드로는 이렇게 외쳤다.

"베드로가 이르되 은과 금은 내게 없거니와 내게 있는 이것을 네게 주노니 나사렛 예수 그리스도의 이름으로 일어나 걸으라 하고"(사도행전 3:6)

'내게 있는 이것'이란 구절에서 번뜩 마태복음 16장에서 주님이 베드로에게 주겠다고 약속하신 천국 열쇠가 생각났다. 성전 미문에서 구걸하던 자가 이걸 받았구나!

"네게 주노니 나사렛 예수 그리스도의 이름으로 일어나 걸으라"(사도행전 3:6b)

그 천국 열쇠의 비밀을 알았다. 땅에서 매면 하늘에서도 매이고 풀면 하늘에서도 풀 수 있다는 그 열쇠는 천국 열쇠인 예수 그리스도의 이름이었다. 이 이름을 가진 자가 천국 열쇠를 가진 자였다. 우리도 천국 열쇠를 가지고 있으려면 이 고백을 해야 한다. "주는 그리스도시요 살아 계신 하나님의 아들입니다." 그러면 교회도 세워 주시고, 복 있는 자가 되게 하시고, 음부의 권세가 이기지 못한다.

그런데 이러한 사도행전은 훨씬 뒤의 상황이고, 이 고백이 있고 나서 잠시 후에 베드로가 '사탄'이라고 주님께 혼나는 게 문제다.

"예수께서 돌이키시며 베드로에게 이르시되 사탄아 내 뒤로 물러가라 너는 나를 넘어지게 하는 자로다 네가 하나님의 일을 생각하지 아니하고 도리어 사람의 일을 생각하는도다 하시고"(마태복음 16:23)

그리고 예수님께서 주는 그리스도시요 살아 계신 하나님의 아들이라고 고백하는 자가 어떤 자인지 알려 주셨다.

"이에 예수께서 제자들에게 이르시되 누구든지 나를 따라 오려거든 자기를 부인하고 자기 십자가를 지고 나를 따를 것이니라"(마태복음 16:24)

당연한 원리였다. 성경 읽으면서 입으로 그렇구나 하고 고백하는 것은 누구나 할 수 있다. 한번 생각해 보았다. 예수님 제자들은 수없이 많은 기적을 예수님 옆에서 보고 체험했다. 성경 기록 외에도 주옥같은 말씀들을 늘 들었을 것이다. 그런데 베드로는 예수님을 저주하면서 부인했고, 제자들은 다 도망갔다. 그리고 부활하신 후 직접 보여주셨는데도 믿지 못하다가 마음을 열어 성경을 가르쳐 주셨을 때에 완전히 눈이 열렸다. 오순절 마가의 다락방에서 성령을 체험하고 비로소 주는 그리스도시요 살아 계신 하나님의 아들이시니이다 즉, 태초부터 계셨던 말씀이라는 사실을 깨닫게 된 것이다.

그렇게 쉽게 성경 암송 구절로 "주는 그리스도시요 살아 계신 하나님의 아들입니다."라고 고백한다고 해서 아는 게 아니다. 성경이 모두 66권이다. 100독을 한다고 알 수 있겠는가. 자기 부인이 안 된 그리스도가 어떻게 진리이겠는가. 자기 십자가를 지려고 하지 않는 그리스도는 지식일 뿐이다. 예수님은 자기를 부인하고 자기 십자가를 지고 예수님을 따라가는 것이 무엇인지 상세히 더 확실히 설명해 주셨다.

"누구든지 제 목숨을 구원하고자 하면 잃을 것이요 누구든지 나를 위하여 제 목숨을 잃으면 찾으리라"(마태복음 16:25)

성경 해석에 대해 앞에서 언급했다. 예수님께서 직접 말씀하신 것처럼 예수님에 대해서 눈뜨는 것은 전적인 하늘에 계신 아버지 주권이다. 목사로 10년을 넘게 살았는데 이 고백을 할 수밖에 없다. 입술은 나의 그리스도였는데 무지했다. 예수님을 정확히 알고 그대로 믿고 그 진리가 자신을 죽이고 말씀 앞에 복종 된 사람의 입에서 나오는 고백, 그래서 "주는 그리스도시요 살아 계신 하나님의 아들입니다."여야 한다. 이것이 반석이고, 이런 반석 위에 주님께서 교회를 세우시고, 그런 자에게 예수 그리스도의 이름의 권세를 주시고, 천국 열쇠를 갖게 하셔서 주님의 일을 할 수 있게 되는 것이다. 지금도 예수 그리스도의 이름의 권세는 유효하고 계속되고 있다. 우리가 기도할 때마다 "예수님의 이름으로 기도합니다."가 유효한 것처럼 말이다.

우리 교회 안에는 예수 그리스도의 이름으로 고침받은 분이 많다. 표적이 아니다. 예수 그리스도의 말씀의 권세다. 난 치유 은사가 없다. 열심히 말씀만 가르친다. 말씀이 진짜 권세와 능력이기에 말씀과 매일 함께 살아가는 것이 내 일과다. 또한 순종은 번개처럼 빠르게 하고 죄는 범하지 않으려고 한다. 머릿속의 죄도 차단한다. 까마귀가 둥지 트는 것을 결코 허락하고 싶지 않기 때문이다.

능력 행하고, 선지자 노릇을 하고, 귀신 쫓아내는 사역에 몰두하는 자들은 예수님을 대단히 오해하고 있다. 그렇게 아무리 해도 사람은 변하지 않는다. 말씀 외에는 사람의 내면을 바꾸어 놓을 수가 없다. 임파테이션(impartation)을 받으려고 어디 쫓아다니지 말아야 한다. 말씀 연구하면서 자신의 죄부터 끊어야 한다. 예수님을 닮아 가는 것이 가장 빠른 지름길이다. 나사렛 예수 그리스도의 이름이 곧 천국 열쇠다.

바울은 그리스도론의 토대를 마련하였다. '그리스도의 선재'와 '그리스도의 큐리오스(κυριος, Kurios in Greek, 주님)[1]로서의 증명'을 통해 예수 그리스도가 곧 하나님이라는 권위를 부여하게 되었다.

그리스도의 선재란 예수님이 이 땅에 오기 전에 이미 하나님의 로고스로서 존재하고 있었다는 생각이다. 큐리오스로서의 증명은 그리스도를 하나님의 본체로 믿고 그가 주님임을 믿는 것이 그리스도인의 조건이라는 말이다.

---

1 70인역에서 하나님의 언약적 이름으로 사용된 '큐리오스'는 그리스도를 지칭하는 데 사용되었다. 이 말은 하나님을 법적인 권세와 권위를 가지신 전능자와 주님, 소유자, 통치자로 묘사하는 것이다. 여호와에 대한 근본적인 관념은 가끔 '알파와 오메가', '지금도 계시고 과거에도 계셨고 장차 오실 분', '시작과 끝', '처음과 나중'이라는 말에서 나타나고 있다.

2. 말씀, Real or Fantasy?

누구에게나 아픈 손가락이 있다. 나에게 아픈 손가락은 내 몸인 아내였다. 결혼하고 꽤 오래 살았는데, 우리는 서로에 대해 몰랐다. 아내에게 나 역시 아픈 손가락이었다.

아내는 극심한 열등감을 가지고 있었다. 7남매 중에 막내로 태어났는데, 미숙아여서 곧 죽는다고 윗목에 밀어 놓았다고 한다. 그런데 그 아이가 살아났다. 육상 선수를 하면서 키가 부쩍 컸지만, 한동안 작고 왜소한 체격이었다. 거의 아버지 엄마뻘인 형제가 있으니 의사 결정권이나 주도권도 없이 성장했다.

나 역시 성인아이였다. 어머니가 4학년 때 돌아가셨는데, 아버지에게 유기를 당한 경험이 있었다. 어머니도 없는 어린 우리 형제를 버리고 혼자 다른 여자와 살기도 하셨던 아버지였다. 충분히 사랑받지 못한 채 미처 자라지 않은 아이가 결혼을 했다.

여기에 타고난 내 성격이 한 몫을 거들었다. 효율과 효과를 중요시하다 보니 분유 사는 일조차 우리 아이가 먹는 것이니 만큼 비교하면서 결정했고, 언제나 아내의 선택이 아닌 내 의사대로 결정을 내리곤 했다. 아내를 무시하려고 했던 것이 아니라 성인아이는 남을 배려하는 것조차 배우지 못했던 것이다.

연약한 막내로 자라서 열등감이 많은 아내는 그때부터 병들어 갔다. 결혼 생활 십수 년을 그렇게 아픈 가슴을 묻어 두고 살아온 것이다. 자신의 내면을 표현하지 못한 아내는 더는 참지 않았다. 그렇게 우리의 부부 싸움은 갈수록 깊어졌다.

아내에게는 더 이상 내 말을 들어줄 수 있는 쿠션이 없었다. 옳은 말이더라도 자신에 대한 말이라면 듣지 않으려는 상태가 되어 버렸다. 아파트 교회가 시작되었는데, 짐을 싸서 나가려고 했다. 교회를 지키고자 했던 나는 도저히 아내를 이해할 수 없었다.

그러다가 사무엘상을 묵상하면서 아내는 더 이상 나의 아픈 손가락이 아니었다. 그토록 병들게 만든 장본인이 나 자신이었던 것이다. 내 모습이 어떤 모습인지 사울의 모습을 통해 깨닫게 하셨다. 사울은 다윗을 죽이려고 계속 추격전을 벌였다. 그러면 그럴수록 다윗은 사울을 피해 도망가야 했다.

사울이 다윗을 추격하던 어느 날 블레셋의 공격으로 추격을 그치고 돌아간 적이 있었는데 그때 다윗은 한 고비를 넘기고 엔게디 동굴에 머물렀고(사무엘상 23:29), 블레셋 사람을 쫓다가 다시 돌아온 사울에게 다윗이 엔게디 광야에 있다는 제보가 들어갔다.

3천 명을 거느리고 들염소 바위로 가다가 양의 우리 곁에 있는 동굴을 발견하고 거기서 발을 가렸는데(대변을 보았다는 뜻이다), 이 안에 다윗과 함께한 사람들이 더 안쪽에 숨어 있었다. 굴이 얼마나 깊으면 다윗을 따르던 400명이 숨을 수 있었을까?

이 본문에서 사울이 마치 내 모습처럼 보였고, 추격하면 추격할수록 더 깊은 굴속으로 들어가는 다윗은 아내 같았다. 그 순간 나의 육신의 아버지가 오버랩이 되었다. 내가 싫어했던 아버지 모습이 그대로 내 모습이었다. 싫어하던 아버지를 닮았다는 것을 동일시하려 하지 않았기에 발견할 수 없었던 나였다. 그런 나를 인정하기 시작하자 정말 아버지를 많이 닮았던 것이다.

그 무렵, 페이스북 라이브 방송에서 이러한 묵상을 나누게 되었다. 나를 드러내기가 쉽지 않았으나 그대로 고백할 수 있었다. 이제 아내의 의사를 존중하기로 만인 앞에서 약속을 했다. 고질적인 내 습관이 단번에 고쳐지지 않았지만, 우리의 묵상이 계속될수록 그리스도의 아름다운 내면으로 향하게 되었다. 그렇게 한 해 두 해 말씀에 순종하며 그리스도의 아름다운 모습을 보며 걸었다. 부부 싸움에서 멀어졌고 다투지 않는 기간이 길어졌다. 서로 성장하고 성숙되어 갔다. 부부 사이가 멀어지는 것이 아니라 부부 싸움에서 멀어졌다.

아내에게 열등감은 '괴물'이라고 별명을 지을 만했는데, 내가 바뀌자 아내는 그 깊은 엔게디 동굴에서 나오기 시작했다. 이 글을 쓰는 지금, 부부 싸움을 언제 했는지 기억이 나지 않는다. 어느덧 오래 전의 일이 되었다. 이혼 위기까지 갔던 우리 부부에게 말씀이 함께하면서 서로 변화되었다.

진짜 기적이 무엇일까? 병 고치는 일이야 주님이 고치시면 낫는다. 그런데 암은 고쳐도 못 고치는 것은 자기 자신이 아닌가. 말씀을 통해 자아가 죽고 변화되는 것이 가장 큰 기적이었다. 나 자신이 우상이기 때문이다. 우상을 내가 섬기는 것이니 내가 우상이다.

말씀 묵상에도 좁은 길이 있고 넓은 길이 있다. 묵상하면서 넓은 길은 자신이 죽지 않는 길이고 자신이 죽으면 좁은 길이다. 말씀은 하나님이신데 하나님 명령을 듣고 순종하지 않는다는 것은 출발부터 다시 점검해 봐야 한다.

말씀을 회피하고 도망치는 이유는 살기 위함이 아니던가? 그런데 희한한 일이 벌어진다. 말씀이 생명과 빛이기에 회피하고 도망치면 죽음이란 뜻이 된다. 자기 행위가 악하면 빛보다 어둠을 더 사랑하게 되어 죽는 것이며, 자기 행위가 악하기에 그래서 빛으로 나오는 자는 사는 것이다.

말씀이 우리 성도들의 삶도 바꾸어 놓았다. 한 사람 한 사람 자존감이 낮고 열등감도 많았다. 그런데 말씀이 자신을 숨기지 않고 드러내는 당당한 사람들로 바꾸어 놓았다. 교만해서 넘어지던 분은 겸손하게 되었고, 술 중독으로 하루하루 삶이 없던 분은 술을 끊었으며, 정신적인 고통에 놓여 있던 분들은 평안을 되찾았다. 하루 종일 침대에 누워 외로움과 두려움 속에 죽어 있던 분은 기쁨으로 채워졌다. 성실하지 못한 분은 성실하게 살아가도록 훈련되었다.

말씀 안으로 들어오면서 성도들의 삶에 놀라운 변화를 가져오기도 했다. 명절 외에 하루도 쉬지 않고 일해도 빚더미에 허덕이던 분이 13억의 빚이 청산되었고, 쉬기도 하면서 함께 단기 선교를 가기도 했다. 개인 회생 절차를 밟던 가정과 연봉 4천만 원의 직장인은 이제 회사를 출범하게 되었고, 욥 같은 고난 가운데 사업이 크게 열린 가정도 있다. 가정, 개인, 상처, 물질, 자녀 어느 것 하나 소홀함 없이 말씀이 함께하면서 철을 따라 과실을 맺게 하시고 그 잎사귀가 마르지 않게 하셨다.

아파트 교회에는 세 가지가 없다. 간판이 없고, 새벽기도가 없고, 전도가 없다. 예전의 나는 전도왕을 세우는 강사였다. 6개월이면 10명은 교회에 앉힐 수 있다고 자부했다. 그러던 어느 날, 전도를 해야 할 것 같아서 기도하는데 지금은 그럴 때가 아니었다. 주님이 주신 감동이었다.

내 모습이 보였다. '너도 제대로 못 섰는데 누구를 전도하니?' 그 이후 나 자신을 전도했다. 묵상하면 할수록 목사가 예수님을 전혀 모르고 있다는 인식이 부끄럽게 했다. 나는 습관적인 죄들을 끊어 내기 시작했다.

그렇게 2년이 지났을까. 전도를 하려고 하지 않았으나 보석 같은 성도들을 만나게 되었다. 그동안 한국 교회에서 듣도 보도 못한 일들이 일어났다. 이 초라한 아파트 교회에서 모이려고 이사하기도 했다. 부산에서, 천안에서, 안산에서, 포천에서, 인천 끝에서, 군포, 합천에서 청라 지역으로 이사한 것이다. 심지어 강릉에 거주하시는 성도가 등록하기도 했다. 지금도 매주 강릉 안목에서 큰딸과 5살짜리 아들을 데리고 오신다. 말씀이 함께하기 때문이었다.

사람들이 많이 모인다고 손뼉 치며 좋아하는데, 사람 때문에 문 닫을 수 있다. 사람 모이는 것보다 더 중요한 것은 말씀을 사랑해서 예수님을 닮아 가는 사람들이 모여야 한다. 개척 교회는 한 사람으로 인해 모든 성도를 잃어버리는 경우가 벌어진다. 그래서 성도들을 위해 기도할 수밖에 없었다.

어느 날 묵상하다가 '내 사랑이 느껴지지 않거든 네 눈앞에 있는 성도들을 보아라'라는 감동을 주셨다. 지금 그들이 우리 교회 리더들이다. 그 이후 그들의 가족도 믿음의 사람들이 되었다. 교회 밖에서 굳이 전도할 필요가 없었다. 믿지 않던 불신자가 영접기도를 받고 눈물을 흘렸고, 나이 드신 성도들의 부모님도 예수님을 영접했다. 장 집사님의 경우는 남달랐다.

남편은 물론 부모님, 언니와 그 자녀들, 형부, 형부의 여동생까지 전도하게 되었다.

그뿐인가. 언니의 시부모님까지 말씀으로 이끌었다. 한마디로 고구마 줄기처럼 한 사람이 말씀 안에 들어오면서 온 가족이 함께하게 되었다. 그렇게 몇 년이 지나자, 그의 남편이 변화되었고, 그의 어머니는 우리 아들이 저렇게 변화된다는 것은 꿈에도 상상할 수 없는 일이라고 하셨다.

교회를 다니는 성도였으나 술 중독이었던 아들이었다. 어릴 때부터 몹시 속을 아프게 했던 아들의 변화였으니 얼마나 기쁘셨을까? 가까운 사람들이 말씀 안에 들어오면서 변화되는 것이 보이자, 누구도 이를 부정할 수가 없었다. 지난 해에는 신학교 시절부터 기도했던 형님이 내게 복음을 듣고 교회에 출석하셨고, 가나안 성도였던 형수님도 함께하고 있다.

아파트 교회는 49평형, 103동 204호였다. 그런데 성도들이 점점 많아지자 여름철에 천장 에어컨 두 대가 있는데도 감당하지 못했다. 하는 수 없이 아파트에서 나가기로 결정하고, 교회 리더들과 함께 30평 상가를 얻기로 했다. 보증금이 없는 깔세(비어 있는 상가에 3개월 치 월세를 미리 주는 식)였다.

그곳도 어느덧 성도들로 가득 채워졌다. 상가에서 주차 요금을 받게 되면서 성도들이 긴 시간 주차하기가 불편해지자, 우리는 또 한 번의 모험을 해야 했다. 바로 옆 프라자 상가는 주차하기가 수월해 보였던 터라 아내와 함께 살펴보기로 했다. 3층에 올라가자 노래방과 피부관리숍이 있었고, 나머지 여섯 칸 상가는 모두 비어 있었다. 이 상태로 3년이 지났다고 한다.

우리는 상가 두 칸을 신중하게 임대하기 위해 건물주에게 이렇게 제안했다. "비어 있는 상가이니 관리비와 월세를 조금만 내고 쓰게 해 주세요. 세입자가 결정되면 바로 빼 드리겠습니다." 건물주로서는 좋은 조건이었다. 어차피 임대가 안 되고 있던 차에 관리비 20만 원과 월세 50만 원을 합하여 매달 70만 원이 입금되는 것이다. 개척 교회로서 무모한 믿음이라고 하겠지만 이미 말했던 것처럼 그동안 쌓아 놓은 주님과의 관계가 힘을 발휘했다. 말씀을 사랑하는 우리를 하나님 아버지께서 얼마나 사랑하시는지 경험했고, 기도하면서 확신했다.

처음엔 두 칸을 임대하여 하나는 본당, 하나는 교육관으로 활용하다가 묵상 공간으로서 카페가 있으면 좋겠다는 의견이 모아졌다. 말씀 묵상을 나누고 싶었던 우리는 교육관 옆에 한 칸을 더 얻었다. 이렇게 해서 아파트 교회는 상가 하나에서 두 칸, 급기야 세 칸을 쓰기 시작했다. 임대료가 비싸서 3년을 버티기 힘들다는 청라국제도시에서 100평 규모의 교회가 된 것이다. 처음 계약대로 이행하는 동안 한 번도 나가라 들어오라 하는 일이 없었고, 세입자가 나서지도 않아서 1년간 잘 사용할 수 있었다.

그런데 청라에 이사 온 지 2년이 지났을 무렵, 진짜 기적이 일어났다. 교회 하나가 눈에 띄었다. 참 예쁘고 아담해서 우리 교회이면 좋겠다고 생각했다. 마침 그 교회도 매매를 계획하고 있었다. 아내와 함께 '저 교회를 쓰게 해 주세요.'라고 기도했다. 마침 마태복음 21장 3절의 "주가 쓰시겠다 하라"를 묵상하게 되어 믿음으로 선포하기도 했다. '이 건물을 좋은밭 교회로 주가 쓰시기를 기도합니다!' 이 기도가 어떻게 되었을까? 바로 그 건물이 우리 교회가 된 지 1년을 훌쩍 넘기고 있다. 3층은 사택이고, 지하는 본당, 1층은 카페, 2층은 교육관으로 사용한다. 건물 옥상에는 인조 잔디를 깔고 아담한 카페도 만들었다.

우리는 아파트 교회 때나 상가 교회일 때나 철칙이 있었다. 십자가를 세우지 말고 교회 간판도 달지 말자! 다만 엘리베이터 안내 표지판에 작은 글씨로 '좋은밭교회 301호, 302호, 304호'라고 표시하는 게 전부였다. 그러나 지금은 교회 건물이다 보니 LED 조명의 흰 빛이 '좋은밭교회'라는 간판과 십자가를 밝히고 있다. 드디어 좋은밭교회가 청라에 수줍게 모습을 드러냈다.

말씀은 실제다. 판타지 같은 일들이 실제로 일어난다. 성경은 모두다 실제로 일어난 역사이기도 하다. 홍해가 갈라졌지 않은가? 죽은 자가 살아났으며, 여리고는 침묵과 나팔 소리의 순종으로 무너졌다. 모두 'Fantasy'가 아니라 'Real'이었다. 예수님의 부활도 실제다. 우리가 믿는 종교는 살아 있는 생명의 종교다. 말씀으로 그냥 있으라 하셔서 세상과 온 우주가 만들어졌다. 우리가 믿는 하나님이 그런 분이시다.

오늘날은 문명과 과학이 지배한다. 성경을 믿지 않는다. 그러다가 다급해지면 하나님께 기적을 요청한다. 다급할 때만 성경이 살아 있고 평상시는 죽어 있는 책이란 말인가? 한번 생각해 보자. 말세가 가까워질수록 성경의 가치가 더 올라갈까, 더 떨어질까? 흐려질까, 더 선명해질까?

지금은 2021년이다. 아주 찐한 원복음으로부터 그만큼 멀어졌다. 자유주의 신학이 신학교를 점령했다. 로만 가톨릭이 전 세계를 다 덮었을 때 종교개혁이 일어났다. 종교개혁으로 돌아가지 말고 다시 성경으로 돌아가자는 것이 진정한 개혁주의 아닐까 싶다. 왜? 말씀은 리얼 판타지이기 때문이다.

3 제자 되고 땅끝 가기

14년 전에 교회 개척을 실패했다. 〈목회와 신학〉의 모 교수님이 이제 준비됐으니 부목사들은 개척하라는 글을 읽고, '그래, 이거야!' 하면서 감동받고 개척하게 되었다. 그러나 정말 맨땅의 헤딩인 개척 경험으로 끝나고 말았다. 지금 개척 중인 목사님이라면 무슨 뜻인지 실감할 것이다. 아무도 오지 않는 새벽기도회에 한 명의 성도가 오면 얼마나 반가운지 모른다. 그러고 나서도 엘리베이터의 띵~ 소리를 기대하다가 금세 좌절한다.

당시 사택은 부평이었고 교회는 부천 중동에 있었는데, 큰아이를 혼자 집에 둔 채 어린 막내를 데리고 한 겨울의 칼바람을 맞으며 새벽기도회를 인도했다. 한번은 아이가 너무 추울 것 같아서 두 살짜리 막내도 집에 두고 새벽기도회를 다녀왔다. 그런데 아파트 거실 불이 켜져 있는 게 아닌가. 6살 난 오빠가 2살 어린 여동생을 끌어안고 거실에서 잠들어 있었다. 딸아이가 잠에서 깨어 울면서 엄마를 찾아 거실로 나왔단다. 오빠가 동생을 안고 달래다가 잠이 들었던 것이다. 얼마나 마음이 아프던지, 지금 대학생이 된 큰아이는 가끔 그때 일을 이야기한다.

하루는 전도하겠다고 전도 용품을 들고 용감하게 아파트 공원 길로 나갔다. 그런데 멋지게 개척 교회를 섬기겠다는 기백은 어디로 가고 잔뜩 움

츠러져 있었다. 저만치 사거리에서 누군가 걸어오기만 하면 속으로 외치고 있었다. '이리로 오지 마라, 이리로 오지 마라!' 이 글을 쓰는 지금 그 장면을 떠올리며 한참 웃었다.

그때 가장 부러운 사람들은 대형 버스로 교인들을 태우러 오는 큰 교회 목사님이 아니었다. 개척 교회가 성공해서 2천 명 성도가 되어 교회를 건축한 선배 목사님도 아니었다. 교회 바로 옆에 있었던 중국집 사장님과 그 바로 옆에 있던 미용실 원장님이었다.

개척 교회는 일주일 내내 전화 한 통 울리지 않는데 중국집 전화통은 불이 난다. 바로 옆집이라서 전화벨 소리가 그대로 들렸다. 미용실은 어떤가? 돈을 내고 파마하려는 동네 아줌마들이 제 발로 찾아와서 몇 시간씩 수다를 떨다가 돌아간다. '그래, 교회 개척을 하는 게 아니었어! 차라리 미용 기술을 배워서 관계 전도를 하는 게 지혜로운지도 몰라.' 혹시 이런 생각에 동감하는가? 노파심이지만, 이런 식이 바로 바울이 말한 헬라인들이 찾는 지혜일 것이다.

바울이 헬라인은 지혜를 구하고 유대인은 표적을 구하나 우리는 십자가에 못 박히신 그리스도를 전해야 한다고 말했듯이, 자신의 힘과 지혜로 전도하는 방식은 헬라식 방법이다. 성경은 그것을 지지하지 않는다. 왜냐하면, 예수 그리스도는 하나님의 능력이요 지혜이기 때문이다.

예수 그리스도께서 미용 기술이 필요했을까? 어떤 제자도 헬라식으로 전도한 적이 없다. 바울이 텐트메이커였던 것은 돈을 벌려고 복음 전한다는 오해를 받지 않으려고, 값없이 복음을 전하기 위해서였다. 누구든지 폐를 끼치지 않으려고 했던 것이다(고린도후서 11:7~9). 바울이 고린도 교회를 섬길 때도 비용이 부족해서 여러 교회에서 후원 받아서 사역을 했는데, 구체적으로 마게도냐(Macedonia)에서 온 형제들이 '나의 부족한 것'을 보충했다고 했다(고린도후서 11:9).

이미 교회와 성도들이 많이 늘어난 상황이었다. 게다가 개척 교회의 월세 부담감은 이루 말할 수 없었다. 그렇게 2년을 버티다가 부목사로 와 달라는 청빙이 있자 시설비도 챙길 마음 없이 그대로 다 넘겨주고 야반도주하듯 진해로 목회지를 정하게 되었다. 지도에서 제대로 본 적도 없던 벚꽃의 도시 진해로 떠나면서 어설픈 첫 개척 교회는 그렇게 막을 내렸다.

그래서 그랬는지 아파트 교회는 존재한다는 사실을 어디에도 표시한 적도 없었다. 간판도 없고 전도지도 없었다. 마치 아무도 모르게 숨어 있는 지하 교회처럼 교회 개척을 했으나 첫 개척 때와는 반대 현상이 일어났다. 왜 그랬을까?

첫 개척 교회의 실패 이유는 간단하다. 개척하지 말아야 할 목사가 개척했기 때문이다. 땅끝에 가기 전에 먼저 제자가 되어야 했다. 그래서 예수님은 제자들에게 양을 맡기기 전에 제자훈련을 하셨던 것이다. 요한복음 21장에서 "내 양을 먹이라"고 허락하시면서 "나를 따르라"고 하셨는데, 그때가 바로 개척할 때다.

한국 교회에는 유명한 제자훈련 프로그램들이 있다. 몇 백 명이 순식간에 마감이 되었고, 일주일 세미나 기간에 제자훈련 교재를 나누어 주면서 가르쳤다. 예수님도 매일 제자들과 먹고 자면서 3년 반이라는 시간이 필요했는데 예수님도 못한 일을 일주일 세미나로 어떻게 그렇게 해치우는지 정말 놀라울 따름이다. 제자는 공장에서 대량 생산 되지 않는다. 대량 생산 될 필요도 없다. 바울 한 명이라도 부족하지 않았다. 예수님을 그대로 본받은 한 사람으로도 주님은 로마를 바꾸셨고 지금 우리에게도 복음이 전해졌다. 사람의 수가 아닌 진리여야 한다는 뜻이 숨겨져 있다.

설령 예수님이 가르쳤다고 해도 제자가 또 제자를 만들어야 진짜 제자다. 붕어빵을 만들어 내는 원형틀에 붕어의 몸체는 없고 꼬리만 있다면 꼬리만 계속 찍어 낸다면 붕어빵이라고 할 수 없다. 붕어빵 원형 틀이 제대로 만들어져야 붕어빵을 만들 수 있지 않겠는가? 나를 돌아보았다. 나는 예수님의 붕어빵인가? 예수님을 그대로 가르치고 보여주는 제자일까? 아니었다. 그런 목사가 교회를 개척했으니 어떻게 주님의 몸 된 교회를 세울 수 있겠는가.

제자는 하루아침에 만들어지지 않는다. 예수님과 함께 있으며 수없이 주님을 경험해야 믿을 수 있는 존재가 인간이다. 예수님의 제자들은 수없이 기적을 보고 경험했다. 오병이어 바구니를 직접 날랐고, 폭풍과 풍랑 일던 호수의 배에 타고 있었으며, 물 위를 걸어오신 예수님을 보고 유령이라고 혼비백산하기도 했다. 날 때부터 소경 된 자가 눈 뜨는 것을 지켜보았으며 불에도 넘어지고 물에도 넘어지던 귀신 들린 아이가 온전케 되는 것을 눈앞에서 확인했다. 그뿐인가. 죽은 지 4일 된 나사로가 동굴에서 걸어 나오는 것까지 보았는데도 예수님이 하나님이라는 것을 알지 못했고 믿지도 못했다.

우리는 도대체 무엇을 믿는다고 수시로 말하는지 모르겠다. 매달 돌아오는 월세에 떨던 목사의 실체를 직면했으면 좋겠다. 예수님의 부활을 목격하고도 제자들이 믿지 못하자 예수님은 성경의 시편을 가르쳐 주셨는데, 그제서야 마음이 열려 깨닫기 시작했다. 예수님은 그런 제자들에게 비로소 땅끝까지 가라고 하셨다.

나는 제자가 아니었다. 땅끝에서 무엇을 가르치고 무엇을 보여줄 것인가? 아무것도 없었다. 개척해서 성도가 많아진들 먹일 양식이 없었다. 이제 목사 된 지 5년이라고 말한다. 목사 경력 18년에서 13년을 지웠다. 이런 나를 말씀 묵상을 하고 나서야 알아차렸다. 7년 중에 2년은 또 갈팡질팡했으니 그 시간마저 뺐다. 그래서 지금 5년짜리 목사인 셈이다.

내가 제자인지 그냥 목사인지 아는 방법은 요한복음 13장과 15장에 나온다. 마태복음 28장 19절에 제자들에게 모든 민족을 제자 삼으라고 하셨듯이 제자가 제자 삼을 수 있다. 내가 너희에게 분부한 모든 것을 가르쳐 지키게 하라고 하셨으니 분명히 주님이 분부하신 모든 것을 배웠어야 하고 그것을 가르쳐 지키게 하는 사람이 제자다. 무엇을 분부하셨는지 핵심 내용이 요한복음 13장과 15장에 기록되어 있다.

예수님께서 보낸 사람들은 명확했다. 추호의 의심 없이 3년 반 동안 함께 하시며 가르치고 보여주시고 자신을 분명히 계시하셨다. 예수님께서 먼저 제자들에게 분부하신 것을 배운 사람들이다. 그래서 제자들만 있을 때 말씀하셨다.

"새 계명을 너희에게 주노니 서로 사랑하라 내가 너희를 사랑한 것같이 너희도 서로 사랑하라 너희가 서로 사랑하면 이로써 모든 사람이 너희가 내 제자인 줄 알리라"(요한복음 13:34~35)

서로 사랑하는 것이 제자라는 말씀이었다. 사실 서로 사랑하라는 말씀은 하도 많이 들어서 그러려니 한다. 그런데 이것이 신앙생활의 최고 정점이라는 것을 말씀 생활하면서 알 수 있었다.

한번 사랑해 보라, 사랑할 수 있는지. 세상에서 가장 힘들고 어려운 것이 사랑이라는 것을 대번에 알 수 있다. 사랑에는 많은 진리, 성장과 성숙이 담겨 있다. "사랑은 오래 참고"라는 말씀은 삼세번 참았다는 것이 아니지 않는가. "사랑은 온유하며" 시기하지 말라고 하셨다. 사랑의 깊이와 넓이, 크기가 점점 자라 성숙하게 되는 것이 곧 예수 그리스도의 장성한 분량까지 성장하는 것이다. 그래서 말씀 생활하면 먼저 하나님을 사랑하여 거룩해지고 그 다음 확장된 것이 이웃 사랑으로 나타나 네 이웃 사랑하기를 네 몸과 같이 하라는 말씀처럼 사랑하게 된다(야고보서 2:8).

하나님 사랑과 이웃 사랑이 동전의 양면처럼 붙어 있다. 하나님을 사랑하면 이웃을 사랑할 수밖에 없다. 하나님도 그러하시고, 하나님께서 그렇게 우리에게 명하셨기 때문이다. 예수님이 바로 하나님 사랑의 확증이다. 하나님을 정말 사랑한다면 이웃 사랑으로 넘어갈 수밖에 없다. 이웃을 사랑한다는 것은 곧 하나님을 사랑하여 그 계명을 순종한다는 뜻이기 때문이다.

그래서 먼저 사랑하기에 앞서 요한복음 15장에서는 참 포도나무이신 예수님께 가지가 되어 붙어 있으라 하신 것이다. 붙어 있어야 열매를 맺을 수 있다.

"너희가 내 안에 거하고 내 말이 너희 안에 거하면 무엇이든지 원하는 대로

구하라 그리하면 이루리라"(요한복음 15:7)

    이 말씀을 기억하길 바란다. 예수님과 진리, 그리고 내가 하나가 되어야 한다는 뜻이다. 그래야 제자다. 바울은 정과 욕심을 십자가에 못 박고 이제는 내가 산 것이 아니고 내 안에 그리스도께서 사시는 것이라고 했다. 예수님을 알고 진리가 내 안에 살아 자기를 부인하면서 자기 십자가를 지고 따르는 사람이 제자다.

    요한복음 15장에서 예수님께서는 이 상태를 '열매'라고 하셨고 열매를 맺으면 아버지께서 영광을 받으시고 그래야 너희들이 내 제자가 되리라고 하셨다(요한복음 15:8). 그 열매가 무엇인지 15장에 동일하게 '내 계명'으로 표현하셨다.

> "내 계명은 곧 내가 너희를 사랑한 것 같이 너희도 서로 사랑하라 하는 이것이니라."(요한복음 15:12)

    새 계명에 대해 가르침을 받은 사람들은 예수님을 보았고, 태초에 계신 하나님께서 어떻게 사셨고 어떻게 돌아가셨는지 아는 증인이었다. 그래서 예수님과 하나 되면 열매를 맺는데 그것은 서로 사랑하는 것이며 그들이 제자인 것이다.

> "너희가 열매를 많이 맺으면 내 아버지께서 영광을 받으실 것이요 너희는 내 제자가 되리라"(요한복음 15:8)

"내가 아버지의 계명을 지켜 그의 사랑 안에 거하는 것 같이 너희도 내 계명을 지키면 내 사랑 안에 거하리라"(요한복음 15:10)

"내 계명은 곧 내가 너희를 사랑한 것같이 너희도 서로 사랑하라 하는 이것이니라"(요한복음 15:12)

"내가 이것을 너희에게 명함은 너희로 서로 사랑하게 하려 함이라"(요한복음 15:17)

예수님은 제자훈련에서 제자 베드로에게 마지막 질문을 하셨다.

"그들이 조반을 먹은 후에 예수께서 시몬 베드로에게 이르시되 요한의 아들 시몬아 네가 이 사람들보다 나를 더 사랑하느냐 하시니"(요한복음 21:15a)

이렇게 세 번씩이나 물으셨다. 예수님을 사랑한다는 것은 계명을 지킨다는 뜻이고, 그 계명은 서로 사랑하라는 것이다.

그때 비로소 예수님은 베드로에게 '내 양을 먹이고, 내 양을 치고, 내 양을 먹이라'고 허락하신다. 예수님을 정말 사랑하는 제자에게 양을 먹이고, 치고, 또 먹이는 일을 맡기신다. 예수님을 사랑하는 사람은 당연히 양을 사랑하는데, 이때 비로소 먹일 양들이 생긴다는 의미다. 사실 양 치는 일은 먹이는 행위이다.

제자는 처음부터 마지막까지 양들을 먹이는데 그 일이 바로 예수님을 가르치는 일이다. 권면도 예수님을 가르치는 것이고, 상담도 예수님을 가르치는 것이다. 교회를 돌보는 것도 마찬가지다. 그런데 예수님을 먹일 수 없는데 어떻게 양을 맡기셨겠는가?

진정한 콜링(Calling)은 21장이다. 예수님은 베드로에게 마지막으로 양을 먹일 것을 당부하시고 곧 구름 타고 올라가실 것이라면서 베드로에게 나를 따르라고 하셨다.

"이 말씀을 하시고 베드로에게 이르시되 나를 따르라 하시니"(요한복음 21:19b)

성령강림 사건이다. 다시 오셔서 예수님께서 앞장서서 제자들을 통해 제자 삼는 주체가 되신다는 것을 드러내셨다.

여호수아가 없다면 모세가 모세가 아니라는 말이다. 제자가 제자가 아니란 뜻이다. 제자는 제자를 만들 수 있어야 제자인 것이다. 땅끝까지 가서 제자 삼으라는 말보다 내가 제자가 아니라는 것도 알아야 한다. 교회를 개척하기 전에 먼저 제자가 되는 것이 지름길이다.

4 말씀 쉐프로 살기

말씀 묵상을 하면서 기도할 때 깨닫는다. 묵상을 시작한 지 3년이 지날 때 나도 능력 있는 목사가 되는 훈련을 하고 싶었다. 무엇을 개발하면 좋을까? 치유를 하면 어떤지, 예언을 한다면 어떤지 고민했다. 이런 과정을 거친다는 것은 말씀이 자라지 않았다는 것이다.

말씀 묵상을 하면 꿈이 없던 사람도 꿈을 꾼다. 개꿈이 아니라 성경적인 꿈이다. 하루는 기도하는데 편치 않았다. 그날 밤 꿈을 꾸었는데, 내가 아파트 교회 주방에 있었다. 쉐프용 큰 모자를 쓰고 프라이팬을 들고 요리하려는 모습이었다.

참 희한하다. 나이 사십이 넘어서야 아내 생일에 네이버 레시피를 보면서 미역국을 끓여 본 게 전부였다. 유일하게 김치찌개를 잘한다. 신 김치와 돼지고기, 고기가 없을 땐 식용유 조금 넣고 조미료와 소금으로 간을 보면 끝이다. 그런 내가 요리사라니.

그러다가 요한복음 6장을 묵상하고 기도하면서 그 꿈을 해석하게 되었다. 나는 말씀을 요리하는 요리사, 진짜 양식은 말씀이었다. 내가 왜 쉐프의 모습인지 짐작할 수 있었다. 유대인 들은 표적 때문에 예수님을 믿었는데 이들은 표적이 아닌 떡을 먹고 배불러서 예수님을 찾아다닌 사람들이었다.[2] 일류 신앙은 말씀 신앙이고, 이류 신앙은 표적 신앙이고, 삼류 신앙은 썩을 양식을 위해 사는 신앙이었다.

지금을 성령 시대라고 하면서 성령의 역사, 그 출처를 모르는 채 현상만으로 성령 사역이라고 행해지는 비정상적인 믿음이 넘쳐나고 있다. 신학을 7년이나 공부한 나 역시 전혀 말씀 생활을 하지 않고 예수님을 모르고 살아왔다. 이것이 우리의 모습이다.

언제부터인지 예배 사역이 활발해지더니 콘서트가 유행이었다. 예배를 떠올리면 찬양, 악기, 조명이 먼저 떠오를 정도였다. 물질은 풍요하지

---

[2] "예수께서 대답하여 이르시되 내가 진실로 진실로 너희에게 이르노니 너희가 나를 찾는 것은 표적을 본 까닭이 아니요 떡을 먹고 배부른 까닭이로다"(요한복음 6:26)

만 진짜 양식을 못 먹어서 진짜 성령(진리)을 경험 못하고, 진짜 양식이 없어 굶는 이들이 많았다. 왜 내가 쉐프 모자를 쓴 요리사로 나타났는지 짐작할 수 있을 것이다. 고민하던 문제의 응답이었다. 그래, 나는 치유도, 예언도, 축귀도 아니고 요리사가 되어야 한다. 잘 지은 밥을 먹이는 목사가 되자!

예수님도 내 양을 먹이라고 하시지 않았는가. 말씀 묵상을 하면서 성도의 유일한 양식이 말씀이라는 사실, 모든 믿음도 말씀에서 나온다는 사실을 알았다. 능력도 말씀에서 나온다. 그래서 나의 별명은 '말씀 쉐프'다.

먹방이 대세라고들 한다. 온통 세상의 관심은 썩을 양식이고, 잘 먹고 잘 사는 법이다. 맛집 유튜버나 맛집 어플들이 히트를 치고, 먹방으로 거대 체인 대표가 스타가 되는가 하면, 급기야 맛집 컨설팅까지 하는 프로그램이 인기다. 소문난 맛집이라면 40여 분 줄 서서 기다리는 것도 예삿일이 되었다.

그러나 단호히 외친다. 말세에 우리에게 필요한 것은 썩을 양식이 아니라 참 떡이다. 보기에는 그럴 듯하게 살아도 대출이 없는 집이 없고 수입이 많아도 부유할 수 없다. 좋은 집, 좋은 차를 가졌어도 빈곤할 따름이다. 속지 말아야 한다. 밤이면 불면증으로 시달리는 인구가 늘고 이혼 가정이 부지기수다. 피시방에선 날마다 총질이고, 국민 청원 게시판은 싸움판이다. 정치판에서는 욕설이 오가고 교회도 서로 분쟁하는 일이 비일비재하다.

육은 썩을 양식을 먹는다. 그러나 영의 양식은 오직 말씀이신 예수 그리스도이다. 그래서 목사는 영의 양식을 먹여서 영혼이 잘되고 범사에 잘되게 해야 한다. 그러니 이것은 내 은사가 아니고 찬양 사역이고 치유 사역이라는 둥 하면서 빠져나갈 수 없다. 각자 받은 재능대로 섬기더라도 목사는 반드시 말씀 쉐프여야 할 것이다. 그것이 성도들을 찬양하게 하고, 진정한 사회복지를 이루고, 참 치유를 얻게 한다.

그래서 말씀 묵상을 놓을 수가 없다. 묵상하다 보면 먹일 양식을 먼저 먹게 되고 먼저 기쁨을 누리면서 감동한다. 눈물이 흐른다. 설교 고민을 한 적이 없을 만큼 날마다 가르치지 못하는 것이 넘친다. 매일 성실하게 깊이 묵상하고 먹었기에 말씀이 그대로 내 가슴에 남아 나의 설교 원고는 성경 본문이다.

7년 동안 말씀 준비를 하고 있는데, 그것이 설교 원고이다. 성도들의 이해를 돕기 위한 구성이 필요하겠지만 그다지 매이지 않는다. 목수 생활 10년이면 망치질을 교본을 보면서 가르치지 않는 것과 같다. 계곡물은 여름 가뭄이 아무리 깊어도 마르지 않는 법이다. 설교를 잘해서가 아니라 은혜를 주시는 주체는 예수 그리스도이기 때문이다.

이렇게 묵상하다가 교회에서 격월간 정기 간행물인 『아침밥 묵상』을 창간하였다. 국회도서관 자료수집과에서 어떻게 알고 한 권씩 보내 달라고 했다. 이런 저런 묵상 책은 그랜드 종합주석을 그대로 옮겨 놓기도 하고, 부목사들이 돌아가면서 쓴다는 이야기도 들었다. 그뿐만 아니라 묵상 내용을 적을 여백이 너무 적었다. 내 기준으로는 대충 묵상해도 된다는 것만 같았다.

그래서 원칙을 정했는데, 2시간 묵상 분량이 기본이다. 성경의 짧은 본문도 파악하는데 50여 분 정도 걸리기 때문이다. 말씀이 인생의 전부인데 어떻게 30분 묵상해서 내 속의 우상인 나를 이기겠는가? 하나님을 발견하고 나 자신을 들여다보는 질문을 만들었다. 또한 가정마다 종합주석을 중고라도 구입하도록 했다. 중고 종합주석은 15만 원 정도인데, 우리 교회 모든 가정은 주석을 보면서 큐티(묵상)한다. 자기 마음대로 성경 해석을 한다는 염려는 접어도 좋다.

매주 수요 예배에서 월, 화, 수요일의 본문 묵상을 강해하고, 금요일 저녁은 목, 금의 본문을 강해하고, 주일에는 토, 주일 본문을 강해했다. 일주일 내내 목사의 큰 밥상을 먹일 수 있었다. 우리 교회 '사랑방'에서는 서로 묵상한 본문으로 나눔을 한다. 밥을 나누는 것이다.

신명기 28장의 복은 누구나 받고 싶어 한다. 그 방법은 간단하다.

"네가 네 하나님 여호와의 말씀을 삼가 듣고 내가 오늘 네게 명령하는 그의 모든 명령을 지켜 행하면 네 하나님 여호와께서 너를 세계 모든 민족 위에 뛰어나게 하실 것이라 네가 네 하나님 여호와의 말씀을 청종하면 이 모든 복이 네게 임하며 네게 이르리니"(신명기 28:1~2)

신명기 복의 조건은 딱 하나다. '모든 명령을 청종하여 지켜 행하면'이다. 그것이 곧 하늘의 보고이고 곧 말씀이신 예수님을 먹고 걸어가셨던 발자취를 따라감이다. 그래서 목사는 이 양식을 먹여 이 복을 받게 해야 한다. 곧 말씀 쉐프인 것이다. 어릴 때는 말씀과 복이 따로인 줄 알았으나 지금은 말씀 자체가 복이라는 것을 알게 됐다.

예수님 닮아 가는 것이 복이다. 이것을 깨달으면서 만나는 사람마다 말씀 생활을 하라고 권면한다. 때론 욕먹고, '자기만 말씀 보는 줄 안다'라고 어떤 목사에게 미운털이 박히기도 했다. 그렇지만 벌써 말씀 생활을 시작한 목사 부부가 많아졌고, 말씀과는 담을 쌓은 성도들도 묵상하는 일이 자연스럽게 되었다.

당연히 지식도 필요하다. 그런데 말씀은 음식의 양념처럼 여기면서 무슨 책이든 그렇게 열심히 읽고 독서 모임을 한다면 성경이 무엇인지 모른다는 말이다. 책은 지식이고 지식을 쌓는 즐거움이다. 성경은 다르다. 하나님께서 양식으로 인 치신 유일한 책이다. 그 성경을 사랑하여 순종하며 산다면 그리스도 예수 안에서 무엇이든지 가능하다. 예수님이 알파와 오메가가 되신다. 이렇게 됐을 때 '책도 읽어야지요'가 맞다. 그래서 말씀 쉐프는 내게 주신 천직이다.

5. 예수 그리스도의 마음

아파트 교회가 시작된 지 2년이 되었을 때, 집에서 가까운 교회 건물이 눈에 띄었다. 앞서 '말씀, Real or Fantasy'에서 이야기한 기도로 얻은 예배당에 관한 에피소드다. 1층 카페(cafe)에 들어가서 주인과 이야기를 나누는데, 그 교회 여 목사님이 카페를 운영하고 있었다. 몸이 아파 교회를 매매하겠다고 하는 것이 아닌가. "15억 앞으로!" 그때부터 우리 부부는 그 교회를 마음에 담고 선포하며 기도했다.

그러던 어느 날 한 부부가 아파트 교회를 찾아왔다. 언니의 소개로 왔으며, 남편이 중국을 오가며 사업을 하고 있다고 했다. 성당에서 알지 못한 '하나님이 살아 계신다'는 사실을 아파트 교회를 다니면서 인정하게 되었다. 이분 덕분에 고린도전서의 '방언은 믿지 아니하는 자들을 위한 표적'이란 말씀을 이해했다(고린도전서 14:22).

그런데 이분이 중국 골동품 소유자를 만나면서 드라마틱한 사건이 펼쳐졌다. 그는 골동품을 팔아 주면 15%를 준다면서, 우리나라로 치면 부시장인 중국 사람과 호형호제하는 사이라고도 했고, 부탁을 받았다는 것이다. 현실감이 떨어졌으나 실제로 일이 진행되기 시작했고, 중국 황실 골동품이어서 중국 감정사들의 말은 100억이 넘는 물건이라고 했다. 그러한 고가의 골동품이 한두 점이 아니었다. 이때 친분이 있던 은사 사역자 여 목사님께 분별을 요청하자 하나님께서 이루신다고 했다. 세상에 이런 일이 있을까?

그러나 중국 골동품 관련 비즈니스가 진행되는 사이 몇몇 성도들이 골동품을 팔아 준다는 분과 함께 여 목사님 기도를 받더니 아예 그 교회로 옮기고 말았다. 나도 모르게 벌어진 일이었다. 그동안 여 목사님 부부를 부모님처럼 모시면서 노년을 우리 교회가 책임지겠다고 할 만큼 의지했는데, 청천벽력 같은 소식이었다.

더구나 그 교회로 옮긴 성도들은 2년 동안 우리 교회 제자훈련을 거친 성도들이었다. 예수님을 배신하고 떠난 베드로 가정, 돈에 예수님 팔아넘긴 가룟 유다, 그러한 가정이 우리 교회에 생기게 되었다. 무엇보다 정말 사랑하던 성도들이었다. 아파트 교회가 성장해서 이제 상가 하나를 얻어 기뻐하고 있는데, 네 가정에 아이들까지 빠져나가자 이루 말할 수 없이 허

탈했다. 여 목사님에게 카톡 메시지를 보냈으나 묵묵부답이었고, 그 이후 관계마저 끊어 버렸다.

어떻게 이럴 수 있냐는 설교하다가 목사의 입에서 악함이 나와서는 안 된다는 것을 깨닫게 하시고, 침대에서 떠나버린 성도들이 보여 두려움에 떨기도 했다. 공교롭게 그날이 크리스마스이브였다. 처음 내 인생이 주저 앉았던 그 시간의 공포와 겹치면서 힘든 시간을 보내야 했다. 신중하지 못한 내 모습으로 아내의 상심이 컸다. 그들과 함께 말씀 생활하던 성도들도 마음 아파하고 있었다.

그런데 그들을 위해 축복기도를 하게 되었다. 골방에서 울며 기도하다가 주신 깨달음이었다. '넌 사랑이 무엇인지 아느냐?'라는 질문과 함께 스데반의 기도를 떠올리게 하신 것이다.

"무릎을 꿇고 크게 불러 이르되 주여 이 죄를 그들에게 돌리지 마옵소서 이 말을 하고 자니라"(사도행전 7:60)

그때 사랑이 무엇인지 조금이나마 알 수 있었다.

1년이 지났을 무렵, 그들이 그 교회를 떠났다는 소식이 들려왔다. 골동품은 지금도 여전히 팔리지 않고 있다. 그 사건을 통해 고린도 교회처럼 은사 사역은 절대로 예수님을 닮을 수 없다는 것을 훈련시켜 주셨다. 은사는 촛불에 불과하다! 사도행전의 아가보 선지자가 그 예일 것이다. 바울이 예루살렘으로 가려고 했을 때 유대로부터 아가보라 하는 선지자가 내려와서 바울의 띠를 가져다가 자기 수족을 잡아매고 성령의 음성을 전달

했다.

"예루살렘에서 유대인들이 이같이 이 띠 임자를 결박하여 이방인의 손에 넘겨 주리라 하거늘"(사도행전 21: 11b)

이 말을 들은 바울은 단호히 거절했다.

"나는 주 예수의 이름을 위하여 결박 당할 뿐 아니라 예루살렘에서 죽을 것도 각오하였노라 하니"(사도행전 21:13b)

예루살렘으로 갔을 때 바울은 결박되나 이튿날 풀려난다. 오히려 로마 시민권자를 결박한 것 때문에 천부장이 두려워한다. 바울은 층대에 올라가 한 번, 공회 앞에서 한 번 아주 정식으로 설교를 한다. 그날 밤 주의 음성이 들린다.

"담대하라 네가 예루살렘에서 나의 일을 증언한 것 같이 로마에서도 증언하여야 하리라 하시니라"(사도행전 23:11b)

주님이 바울 곁에서 분명히 말씀하셨다. "예루살렘에서 나의 일을 증언한 것같이" 그렇다면 예루살렘에 가는 것이 주님의 뜻이다. 하지만 은사자들은 촛불이기에 결박당하는 일밖에 모른다. 이게 은사의 한계다. 주님은 어떤 분이신가? 로마에서 복음을 증언할 뿐 아니라 로마가 주께로 돌아올 것을 아셨다. 그로 인해 유럽 전체가 기독교를 받아들이는 역사가 일어난다. 주님은 이런 분인데, 자신의 은사에 매여 산다면 주님의 큰 뜻은 볼 수 없다.

주님의 계획은 그분을 통해서 내게 은사가 촛불이라는 것을 알려 주고 싶으셨나 보다. 그리고 "15억 앞으로!" 하며 교회를 위해 기도하던 그때부터 4년이 지난 지금, 바로 그 교회 건물에서 말씀 생활을 하고 있다. 3층은 사택, 본당은 지하, 2층 201호는 목양실, 새가족실 202호는 교육관으로 사용한다. 건물을 구한 것은 더 좋은 장소에 대한 욕심이 아니라 말씀을 더 많이 전하기 위함이었다. 말씀으로 지어진 내면의 성전이 진짜 건물이라는 진리가 명확해지고 있다.

예수님을 닮아 가게 하셨지만, 겸손히 낮아지는 것이 이토록 어려운 과정인지 꿈에도 몰랐다. 그 건물에 들어가기 전에 우리는 고린도전서를 다시 묵상하게 되었고 그 이후에 빌립보서를 통해 고린도 교회가 왜 그토록 성숙하지 못했는지 알게 하셨다. 그들에게는 결코 진리가 우선순위가 아니었다. 서두의 인사에 바울이 고린도 교회에게 '모든 언변, 모든 지식, 그리고 은사에 부족함이 없다'고 언급한 것을 보더라도 알 수 있다.

또한 이들에게 상상도 못할 굵직한 죄들이 열세 가지가 있었는데 고린도전서 전반에 언급된다. 분쟁과 분당(1:11~12), 육신에 속한 자(3:3), 스스로 교만해짐(4:18), 세상 법정의 송사(6:1, 7), 패륜과 음행(5:1, 6:13, 15~16), 지식적으로 교만함, 실족시킴(8:1, 9, 13), 바울을 비판함(9:1~3), 우상 숭배자들(10:14, 21), 빈궁한 자와 교회를 업신여김(11:22), 부활이 없다 하는 자들(15:12), 죄를 짓는 자들이 있음(15:33~34), 지도자에 대한 불순종과 편당

(16:10), 주를 사랑치 않음(16:22).

바울은 신령한 것이란 예수님을 닮아 가는 우리 자신이라고 했다. 그러나 우리는 신령하다는 뜻을 오해하고 있는 것 같다. 고린도전서에서 은사의 한계를 명확히 묵상한 후 빌립보서로 넘어가 보니 빌립보서엔 은사라는 말이 한마디도 나오지 않는다.

고린도 교회와 비교하자 주님께서 원하시는 교회의 모습이 보였다. 자기 부인과 자기 십자가, 낮아짐, 하나 됨을 외치며 성도들과 함께 훈련했는데, 빌립보서에서 정점을 찍었다. 아니, 도대체 이런 교회가 다 있어? 그저 놀랍기만 했다. 빌립보 성도들은 바울이 옥에 갇혔다고 자신들의 리더인 에바브로디도를 물질과 함께 보내 섬기게 했다. 바울은 에바브로디도가 그리스도의 일을 위하여 죽기에 이르러도 자기 목숨을 돌보지 않은 것은 나를 섬기는 너희의 일에 부족함을 채우려는 것이라고 했다(빌립보서 2:30).

교회 안에 지도자를 향한 사랑이 얼마나 뜨거운지 알 수 있다. 도대체 이들은 어떻게 이렇게 서로 뜨겁게 사랑하게 되었을까? 바울을 돌보던 에바브로디도는 자신이 병들어 죽게 되었을 때 이 소식을 들은 빌립보 성도들이 자신을 걱정할 것을 알고 오히려 심히 근심했다(빌립보서 2:26). 갈수록 이들의 사랑이 산처럼 커지는 것을 볼 수 있다.

성도와 리더 간의 사랑, 교회를 세운 바울에 대한 목숨을 아끼지 않는 사랑이 절절히 느껴졌다. 여기에 디모데가 등장한다. 바울은 감옥에 갇혀서 돌보지 못한 빌립보 교회에 사람을 보내려고 했는데 다들 자기 일을 구하며 너희들의 사정을 진실로 생각할 자가 디모데 밖에 없다고 했다. 디모데와 바울의 관계는 어떠했을까? 바울은 디모데를 연단된 자이며 자식이 아비에게 하듯 자기와 함께 복음을 위해 수고했다고 소개했다.

정리해 보자. 빌립보 교회에 무슨 프로그램이 있었는지 모르겠고, 무슨 찬양 집회가 있어서 뜨거웠는지도 나오지 않는다. 은사라는 단어는 어디에도 없다. 그런데 성도와 목사, 성도와 성도, 목사와 부교역자 간의 진한 사랑이 보였다. 유오디아와 순두게가 서로 하나 되지 못한 것 빼고는 빌립보 교회 성도가 되고 싶을 정도로 사랑이 철철 넘치는 교회였다. 아, 이것이 교회구나!

교회가 무엇인지 묵상 6년 만에 알게 되었다. 그렇게 우리는 서로 하나가 되고 서로 사랑하는 일에 박차를 가했다. 여호수아를 묵상하면서 들어갈 성전을 위해 일사 각오 40일 작정 후 말씀, 기도, 거룩, 사랑, 이 네 가지를 각자 집중적으로 훈련했다.

그러던 10월 어느 날이었다. 아니? 4년 전부터 기도하던 그 건물이 나의 은사인 신대원 교수님께 팔렸다는 소식이 전해졌다. 이미 2년 전이었다. 그런데 은사님께서 "이 목사, 나 좀 봐야겠어! 만나서 이야기 합시다." 놀랍게도 그 건물을 임대해서 쓰라고 하셨다. 교수님은 가까운 교회와 합병하게 되어 그 건물이 필요없게 되었는데, 기도 중에 나를 떠올렸다는 것이다.

4년 전에 시작된 기도가 응답되는 순간이었다. 건물 3층은 전세로 계약하여 사택으로 쓰고, 본당과 교육관은 월세를 내고 있다.

그 건물을 놓고 "15억 앞으로!"라고 선포하던 장면을 떠올렸다. 아, 하나님은 15억이 없어도 사용하게 하시는구나. 골동품 팔아서 건물 값을 만드는 것이 아니라 교회란 무엇인지 철저히 훈련하고 나서야 건물이 교회되게 하셨다. 그 이후 고린도후서 묵상에서 주의 종으로 산다는 것은 약함을 자랑해야 한다는 것도 알았다. 마침내 2019년 추수감사주일인 11월 셋째 주에 새 예배당에서 감격스러운 첫 예배를 드릴 수 있었다

나는 기도할 때마다 눈물이 흐른다. 이렇게 흠 있는 목사에게 찾아오셔서 목사를 그만두지 말라고 하시더니 목사 되게 인도하신다. 이 측량할 수 없는 은혜, 얼마나 선하고 아름다우신 주님이신가? 우리 어린 양 예수 그리스도께서 나를 위해 흘리신 피가 어떤 의미인지, 얼마나 우리를 사랑하시는지 말로 표현할 길이 없다.

말씀 없는 복음은 나를 높이는 역청이요 벽돌집이다. 산돌이신 예수 그리스도가 모퉁잇돌이 되셔서 말씀으로 짓는 교회가 천국 열쇠로 죽어 있는 많은 인생을 살려 주는 교회, 음부의 권세가 이기지 못하는 교회다. 교회는 제자 한 명으로부터 시작된다. 오늘도 기도 제목이 같다. '오늘 하루를 구원해 주세요. 평생 말씀 순종할 수 있는 복을 허락해 주세요!'

| PART 3 개척 중기 |

말씀 양식, 예수님의 살과 피

내 계명은 곧 내가 너희를 사랑한 것 같이
너희도 서로 사랑하라 하는 이것이니라

(요한복음 15:12)

1/ 덫에 걸린 인생

　이렇게 등잔 밑이 어두울 수가 있을까? 어처구니가 없다. 말씀 묵상이 계속되면서 세상에서 가장 무서운 사람이 '나'였다. 이미 무서운 덫에 걸린 인생이라는 것을 알아차렸다. 예수님을 믿으면서 예수님을 몰랐고, 내가 나를 몰랐다. '예수님'과 '나'는 잘 안다고 생각하지만 모르고 있었던 것이다. 이 두 가지를 정확히 알아야 인생이 비로소 자유를 누리는데 난 이 두 가지를 모르는 목사였다.

　예수님을 알아야 비로소 나를 안다. 나 자신이 문제이고 예수님이 답인데, 문제도 모르고 답도 모르는 채 다른 곳에 누명을 씌우고 엉뚱한 곳에서 답을 찾으려 했으니 힘들었던 거다. 내가 덫에 걸린 인생이라는 것을 깨닫게 된 말씀은 열왕기상 7장 13절부터 나오는 성전 앞에 장엄하게 서 있는 놋 기둥 보아스와 야긴에 관한 말씀이었다. 이 두 놋기둥을 연구하다가 두 놋 기둥이 내 인생인 것을 알았다.

　보아스는 남쪽에 있고 야긴은 북쪽에 있는데 마치 선택된 이스라엘 백성을 상징하는 것 같았다. 보아스는 '그에게 능력이 있다'는 뜻이고 야긴은 '그가 세우실 것이다'라는 뜻이다. 우리 힘으로는 성전의 기둥이 될 수 없다. 오직 하나님의 은혜만으로 성전에 서 있을 수 있다. 그 인생이 우리가 아니던가.

기둥의 재질을 보면 우리 인생이 잘 드러난다. 재질은 놋이다. 놋이란 원어는 '네호셰트(נְחֹשֶׁת, 5178, 놋쇠, 청동)'이다. 나는 놋이라는 네호셰트가 쓰인 곳을 다 찾아보았다. 모두 다 하나님께 죄를 범하여 비참한 인생들의 말로가 이 놋 줄에 결박된다. 먼저 삼손은 두 눈이 빠져 이 놋 줄에 매여 옥에서 맷돌을 돌리는 신세가 되었다.

"블레셋 사람들이 그를 붙잡아 그의 눈을 빼고 끌고 가사에 내려가 놋 줄로 매고 그에게 옥에서 맷돌을 돌리게 하였더라"(사사기 16:21)

그 다음은 므낫세였다. 히스기야의 아들로서 이처럼 악한 왕이 없었다. 아들을 산 채로 불에 태워 이방 신에 제물로 바친 인물이다. 바알과 아세라, 하늘의 별들을 섬겼으며 심지어 아세라 우상을 성전 안에 세운 인물이었다. 악한 이방인보다 더 악한 왕이 므낫세였다. 므낫세 역시 이 놋 줄에 묶여 앗수르로 끌려갔다.

'쇠사슬'로 나와 있는 원어는 모두 놋 줄인 네호셰트다.

"여호와께서 앗수르 왕의 군대 지휘관들이 와서 치게 하시매 그들이 므낫세를 사로잡고 쇠사슬로 결박하여 바벨론으로 끌고 간지라"(역대하 33:11)

여호야김도 마찬가지다. 바빌로니아의 느부갓네살 왕이 유다를 침략하고 여호야김을 생포하여 그를 쇠사슬로 묶어 바빌로니아로 끌고 갔다.

"바벨론 왕 느부갓네살이 올라와서 그를 치고 그를 쇠사슬로 결박하여 바벨론으로 잡아가고"(역대하 36:6)

시드기야도 아들들이 자신의 눈앞에서 죽었고 자신도 눈이 빠지고 놋사슬에 결박되어 바벨론으로 끌려갔다.

"시드기야의 두 눈을 빼고 놋사슬로 그를 결박하여 바벨론 왕이 그를 바벨론으로 끌고 가서 그가 죽는 날까지 옥에 가두었더라"(예레미야 52:11)

결국 성전에 듬직하게 서 있던 보아스와 야긴은 깨어져서 이방의 고물로 옮겨진다. 마치 말씀대로 살지 않아서 이방 땅의 포로로 끌려가는 북이스라엘과 남유다의 말로와 맥을 같이한다. 또한 좀 더 상세히 이 두 기둥의 마지막이 어떠했는지 다시 한번 언급하기를 주저하지 않는다.

"갈대아 사람이 또 여호와의 성전의 두 놋 기둥과 받침들과 여호와의 성전의 놋 바다를 깨뜨려 그 놋을 바벨론으로 가져가고"(열왕기하 25:13)

이어지는 16절에서 놋 무게를 헤아릴 수 없었다고 했는데 이 말씀이 마치 '죄로 결박된 인생들의 고난의 무게가 헤아릴 수 없었더라'로 읽힌다. 그리고 두 놋 기둥의 크기를 정확한 수치로 다시 한번 언급한다.

"그 한 기둥은 높이가 열여덟 규빗이요 그 꼭대기에 놋 머리가 있어 높이가 세 규빗이요 그 머리에 둘린 그물과 석류가 다 놋이라 다른 기둥의 장식과 그물도 이와 같았더라"(열왕기하 25:17)

이 놋이란 단어가 어떻게 성경에 쓰였나 찾아보았다. 이뿐만이 아니다. 신명기에는 '더위'와 '가뭄'을 놋으로 표현했다.

"네 머리 위의 하늘은 놋이 되고 네 아래의 땅은 철이 될 것이며"(신명기 28:23)

또한 슬픔이란 뜻을 '사슬'로 쓰기도 했다.

"나를 둘러싸서 나가지 못하게 하시고 내 사슬을 무겁게 하셨으며"(예레미야 애가 3:7)

히브리 원어는 놋쇠(네호세트)인데 영어 번역본들은 이것을 인간의 불결, 수치, 육욕이란 다양한 해석으로도 쓰인 곳도 있었다.

"주 여호와께서 이같이 말씀하셨느니라 네가 네 누추한 것을(네호세트) 쏟으며 네 정든 자와 행음함으로 벗은 몸을 드러내며 또 가증한 우상을 위하며 네 자녀의 피를 그 우상에게 드렸은즉"(에스겔 16:36)

'네 누추한 것을'이 놋쇠인 네호세트로 쓰였는데, 영어 번역본들은 다양하게 번역한다. 즉 AV, ASV에서는 '불결'을 filthiness로, RSV는 '수치'를 shame으로, NAB는 '육욕'을 lust로 번역했다.

이렇게 성전 앞에 우뚝 서 있는 보아스와 야긴은 놋쇠로 만든다. 마치 우리 인생을 그대로 보여주는 것 같았다. 이 놋과 우리 인생이 어떤 관계일까? 이 두 놋 기둥 머리에 장식된 무늬를 보면 더욱 더 우리 인생들이 이미 자신 안의 죄의 덫에 걸려 있다는 것을 실감할 수 있다.

이 두 개의 놋 기둥의 머리는 마치 사람 머리처럼 둥근 것이 특징이고, 그 둥근 머리 모양에 바둑판 그물 무늬를 새겨 넣는다. 이 바둑판 모양으로 얽은 그물과 사슬 모양으로 땋은 것을 만들었다.

"기둥 꼭대기에 있는 머리를 위하여 바둑판 모양으로 얽은 그물과 사슬 모양으로 땋은 것을 만들었으니"(열왕기상 7:17)

여기에서 '바둑판(שְׂבָכָה, 7638, 샤바크)'은 그물망을 뜻하며 그물 모양의 장식이나 '덫'이란 뜻으로 사용된다. 욥기에서 "이는 그의 발이 그물에 빠지고 올가미에 걸려들며"(욥기 18:8)라고 할 때도 올가미를 같은 단어 '샤바크'를 사용했다. 그리고 사슬(שַׁרְשְׁרָה, 8333, 샤르셰라, chain) 모양의 땋은 것으로 새겨 놓았다.

내 머리에 덫과 올가미가 있다고 생각하니 시편 1편을 묵상하면서 내 안에 굉장히 무서운 것이 악인의 '꾀'라는 것을 알고 놀랐던 기억이 났다. 말씀은 말씀으로 해석해야 한다. 그렇구나! 복 있는 자는 악인의 꾀를 따르지 아니하는 자라고 하셨는데 아예 내 머릿속에는 어떻게 그렇게 악인의 죄가 전광석화처럼 떠오르는지 나 자신이 악인인 것을 깨달을 수 있었다. 즉 내 머리가 이미 올가미인 덫에 걸려 있다는 의미인 것이다.

사람들이 아무 생각 없이 범죄하는 법은 없다. 먼저 악한 죄가 발동해 일을 꾸미고 행한다. 창세기 6장을 보면 하나님께서는 사람 만드신 것을 한탄하사 마음에 근심하셨다고 하셨다. 마음으로 생각하는 모든 '계획'이 항상 악할 뿐임을 보셨기 때문이었다(창세기 6:5~6). 그래서 두 놋 기둥 꼭대기에 백합화가 면류관처럼 새겨져 있는데, 예수 그리스도가 머리가 되셔서 다스리고 통치하셔야 비로소 내 안의 악한 죄를 진리로 이기고 비로소 성전이 될 수 있다는 깨달음이었다.

정말 그랬다. 내 안을 살펴보면 어떻게 그렇게 악한 생각이 주인 허락도 없이 순식간에 들어오고 즐기기까지 하는지, 그리고 얼마나 많은 나날을 내 안의 얄팍하고 간교한 죄로 인생을 살아왔는지 말씀 앞에 들통났다.

나는 이 죄를 절제하지 못했다. 그러니 수많은 범죄를 저지르면서 살았다는 것을 알았다. 이미 올가미에 걸려 있던 인생이었다. 오직 진리 외에는 이 올가미에서 벗어날 수 없다는 것을 묵상 생활을 하면서 얼마나 뼈저리게 느꼈는지 모른다.

잠언을 묵상하다가 '바알'이라는 단어는 없고 '음식'을 탐한다는 말만 나왔는데 원어를 찾아보자 '네페쉬(영혼) 바알(주인)'이라고 했고, 탐한다는 것을 '네가 네 영혼의 주인이거든'이라고 표현하고 있어서 이 본문이 더욱 실감나게 다가왔다.

"네(אַתָּה, 859, 앗타, 당신)가 만일(אִם, 518, 임, 만일 ~이면) 음식을 탐하는(בַּעַל, 5315, 네페쉬, 숨 쉬는 존재, 영혼) 자이거든(בָּעַל, 1167, 바알, 주인, 소유주, 남편)

네 목에(לֹעַ, 3930, 로아, 목, 목구멍) 칼(שַׂכִּין, 7915, 사킨, 칼 knife)을 둘 것이니라 (שִׂים, 7760, 숨, 두다, 정하다, 임명하다, 확립하다)"(잠언 23:2)

솔로몬이 놋 기둥을 만들 때 차진 흙에 부어 만들었다고 기록되어 있다 (열왕기상 7:46). 아담을 흙으로 만들었는데, 이 아담 속에 놋을 잔뜩 부어 만든 게 보아스와 야긴인 셈이다.

이 정도 되면 내 인생이 정말 말씀 없이 도저히 고난의 올가미에서 벗어날 수 없다는 결론이었다. 말씀을 통해서 나 자신이 얼마나 무서운 존재인지 알게 된 것이다. 굳이 전도서를 언급하지 않아도 오십의 나이인 내 인생이 살아오면서 얼마나 많은 아픔과 슬픔으로 가득 차 있는지 알기 때문이다. 그러나 이제 진리를 만나 진리를 먹고 마시며 오십 평생 경험하지 못했던 주님께서 주시겠다고 약속하신 에이레네(평안)를 경험하고 있다. 정말 나 때문에 큰일이 날 뻔했다. 아! 놋 같은 인생이여.

2 기독교입니까?

앞에서 언급했듯이 아파트 교회에 없는 것 세 가지가 있었다. 첫 번째는 간판이 없었고, 두 번째는 기존 교회와 같은 전도가 없었고, 세 번째는 새벽기도회가 없었다. 이러면 교회는 벌써 문 닫아야 했다.

교회 간판은 물리적으로 불가능한 것도 아니었다. 2천 세대 가까이 되는 아파트 거실 창문에 현수막을 크게 붙여 놓을 수도 있었다. 그러나 그렇게 하지 않았다. 새벽기도회도 얼마든지 할 수 있었다. 집이 예배당이니 추운 겨울이라도 얼마나 편하게 기도할 수 있었겠는가? 그러나 하지 않았다.

아파트 교회에 처음 출석하는 성도 중에 기존 교회에 익숙한 성도들은 어색해했다. 뭔가 죄를 지은 것 같고, 볼일을 보고 뒤를 닦지 않은 기분이라고도 했다. 그렇게 열심히 새벽기도회에 갔던 분들이 '말씀 제자훈련'을 받으면서 "말씀만 빼놓고 다 하고 살았어요!"라고 놀라운 고백을 하기 시작했다.

성도들의 고백 한마디가 딱 한국 기독교의 모습이라는 것을 알았다. 부끄럽지만 그 성도만의 고백이 아닌 목사 19년 차인 나의 고백이기도 했다. 말씀이 빠지면 유대교와 다름이 없다. 기독교는 예수님이 중심이어야 한다. 그래서 우리를 예수교 장로회, 예수교 성결교회, 또 같은 의미인 기독교 침례회, 기독교 감리회, 기독교 장로회 등 반드시 '예수교', '기독교'가 붙는다. 이것이 우리가 믿는 종교의 정체성이다.

성경에 하나님께서 아들을 공경하라고 하셨다. 아들을 공경하는 것이 곧 나를 공경하는 것이라고 하셨고, 아들을 공경하지 않는 것은 아버지를 공경하지 않는 것이라고 하셨다. 그러니 하나님 아버지를 섬기길 원하면 반드시 아들 예수님을 공경해야 하고, 예수님 말씀을 따라야 제대로 된 하나님 아버지 섬김 법이 되는 것이다. 그 믿음이 우리 기독교 신앙의 전부요, 예수님께서 알파와 오메가가 되시는 것이다.

예수님의 말씀이 빠지면 유대인과 똑같은 현상이 일어난다. 주로 입에 오르내리는 단어들이 하나님 아버지다. 말씀이 없는 하나님 섬김은 아예 불가능한 일이지 않겠는가. 그러다 보니 하나님 아버지를 섬기려면 무엇인가 해야 했고, 말씀을 모르니 열심에서 나온 종교 예식이 말씀의 빈자리를 메우고 신앙의 맥을 이어 가게 된다.

성경 구절을 묵상하면 어떤 뜻인지 알 수 있을 것이다.

"유대인들이 이로 말미암아 더욱 예수를 죽이고자 하니 이는 안식일을 범할 뿐만 아니라 하나님을 자기의 친 아버지라 하여 자기를 하나님과 동등으로 삼으심이러라"(요한복음 5:18)

"아버지께서 아무도 심판하지 아니하시고 심판을 다 아들에게 맡기셨으니 이는 모든 사람으로 아버지를 공경하는 것 같이 아들을 공경하게 하려 하심이라 아들을 공경하지 아니하는 자는 그를 보내신 아버지도 공경하지 아니하느니라"(요한복음 5:22-23)

"그 말씀이 너희 속에 거하지 아니하니 이는 그가 보내신 이를 믿지 아니함이라 너희가 성경에서 영생을 얻는 줄 생각하고 성경을 연구하거니와 이 성경이 곧 내게 대하여 증언하는 것이니라 그러나 너희가 영생을 얻기 위하여 내게 오기를 원하지 아니하는도다 나는 사람에게서 영광을 취하지 아니하노라 다만 하나님을 사랑하는 것이 너희 속에 없음을 알았노라"(요한복음 5:38-42)

말씀이 우리 속에 거하지 않는 것은 예수님을 믿지 않아서이고, 성경을 연구하면서 예수님께 가기를 원치 않는다면 하나님을 사랑하지 않는다는 것이다. 결국 말씀이 없는 하나님 사랑은 자신의 죄를 버리고 자기를 부인하고 정과 욕심을 십자가에 못 박을 수 없다.

하나님께로 난 자들은 예수님의 말씀을 믿으며 예수님 안에 거하시는 하나님 섬김을 할 수밖에 없다. 하나님의 일은 하나님께서 보내신 자 예수 그리스도를 믿는 것이라고 명백히 말씀하셨다.

"예수께서 대답하여 이르시되 하나님께서 보내신 이를 믿는 것이 하나님의 일이니라 하시니"(요한복음 6:29)

여기서 일이란 원어는 ἔργον(2041, 에르곤)으로 행위, work라는 뜻이다. 예수님의 일(work)도 예수님 자신을 증언하시는 것이라고 하셨다.

"내게는 요한의 증거보다 더 큰 증거가 있으니 아버지께서 내게 주사 이루게 하시는 역사 곧 내가 하는 그 역사가 아버지께서 나를 보내신 것을 나를 위하여 증언하는 것이요"(요한복음 5:36)
"예수께서 이르시되 나의 양식은 나를 보내신 이의 뜻을 행하며 그의 일을 온전히 이루는 이것이니라"(요한복음 4:34)

이렇게 예수님을 알고 믿는 제자들은 예수님보다 큰일(말씀을 가르치고 증언하는)을 할 것이라 하셨다.

"내가 진실로 진실로 너희에게 이르노니 나를 믿는 자는 내가 하는 일을 그도 할 것이요 또한 그보다 큰 일도 하리니 이는 내가 아버지께로 감이라"(요한복음 14:12)

말씀을 믿으라고 했는데, 한국 교회는 유대교처럼 주일을 생명처럼 지키고 새벽기도회를 신앙의 의리라 믿게 하고, 갖가지 봉사를 하나님이 기뻐하시는 땀이라고 가르쳤다. 그러나 우리 안에 말씀이 없다면 모두 다 헛일이고 노역이 된다. 예수님의 멍에는 쉽고 가볍다고, 수고하고 짐 진 자들아 다 내게로 와서 쉬라 하신 말씀을 묵상해 보라.

아파트 교회는 말씀이 우선순위다. 성도들이 매일매일 말씀을 알고 깊이 묵상하며 순종하고, 진짜 하나님을 섬기고 진짜 예배와 기도를 드리는 것이 유일한 목표다. 금요 철야에서 목이 쉬도록 부르짖었던 기도로 내 죄가 끊어지지 않았고, 20년 넘게 새벽기도를 했으나 아내 하나 제대로 사랑할 줄 몰랐다.

그러나 말씀 묵상이 깊어질수록 거룩이 깊어진다. 성령이 임재하신다. 말씀을 알아야 믿음이 생기고 그 믿음이 순종케 하고 우리의 순종을 기도로 받으신다. 말씀 순종이 예배이고 말씀 순종이 하나님 아버지와의 교제이며 기도이다.

예수님은 첫 번째 기적을 왜 혼인 잔치에서 물을 포도주로 바꾸는 기적을 보여주셨을까? 가나 혼인 잔치의 기적은 우리에게 신앙이 무엇인지 정확히 보여주는 기적이었다. 한마디로 예수님 믿는 법을 말씀하고 있다. 예수님의 거절에도 불구하고 마리아의 "어떤 말씀을 하시든지 그대로 하라"가 신앙이다. 물을 채우라 했을 때 '아귀까지 채운' 하인들의 순종과 그것에 멈추지 않고 "떠다가 갖다 주라"고 했을 때 망설임 없이 손 씻는 물을 포도주라고 갖다 주었던 그 하인들의 아귀까지 채워진 말씀 순종에 대해 집중해야 한다. 그것이 기독교이고 하나님 섬김 법이다.

가나 혼인 잔치는 왜 첫 번째 기적이었는지, 누구의 혼례였는지, 혼주와 신랑, 신부의 이름을 왜 침묵시켰는지 대신 성도들의 신랑이신 예수님과 어머니 마리아 그리고 앞으로 예수님의 극상품 포도 열매가 될 예수님의 제자들을 등장시킨 성령의 의도가 무엇인지 우리에게 알아보라고 의미심장하게 복선을 깔고 있는 본문이다. 또한 혼인 잔치에 유일하게 없는 것이 하필 포도주였는지, 그 포도주는 무엇을 상징하고 있으며, 그 포도주가 생긴 원인은 바로 말씀에 대한 철저한 순종이었다는 사실을 종합해 살펴보자.

돌 항아리는 유대인의 정결 예식에 가장 핵심적인 정결법이었다. 돌 항아리의 물로 손을 씻으며 자신을 깨끗이 했으나 그 속은 회칠한 무덤인 유대교를 향한 메시지일 것이다. 태초에 말씀이신 예수님께서 이 땅에 오셔서 나의 신부가 될 자는 바로 나의 말을 듣고 순종하는 자여야 한다는 메시지를 가나 혼인 잔치에서 던지셨음을 알 수 있다.

돌 항아리의 물을 말씀 순종의 포도주로 바꾸어 내가 찾는 신부는 이렇게 하나님께서 보내신 자를 믿는 것이라는 예시, 즉 포도나무 가지에 붙어 절로 과실을 맺는 자가 내가 찾는 신부라는 것을 보여주시는 기적이 바로 가나 혼인 잔치였다.

혹시 주일 예배만 드리면 자신이 깨끗하다고 여기지 않는가? 새벽기도회에 다니면 의심 없이 신앙이 좋다고 평가한다. 6·25 때 세워진 전통 깊은 장로교에서 부목사 사역을 한 적이 있다. 새벽기도에 꾸준히 나오고 전도대에도 빠지지 않는 권사님 가정에 심방 간 적이 있다. 그때 남편과 각

방을 쓰신 지 10년이 넘었다고 고백했다.

　권사님은 새벽기도를 30년 하신 분이다. 그러나 잠을 이기고 새벽기도를 하는 것보다 주님이 진짜 원하시는 믿음은 '나'를 부인하고, 말씀에 따라 자신을 변화시키는 것이 예수 믿음이라고 가르치셨다. 예수님은 누구든지 나를 따라오려거든 자기를 부인하고 자기 십자가를 지고 나를 따를 것이라 하셨다. 이 부분을 더욱 확실히 해 주는 본문은 마태복음 15장이다.

　말씀이 빠진 종교적 열심과 전통의 특징은 인간이 고안해 냈다는 점이다. 바리새인들은 부모님을 공경하라는 말씀을 지키기 싫어서 다른 계명을 고안해 냈는데, 이것은 바로 고르반(corban)[3]이다. 이를 악용하여 부모님을 공경하지 않아도 된다는 또 다른 성경을 만들었다.

　또 다른 성경이 바로 전통이다. 마치 반드시 지키지 않으면 하나님께 벌 받을 것 같은 율법으로 정죄하거나 사람들에게 짐을 지우기 시작했다. 바리새인들은 전통 전문 기획자들이다. 이들에게 예수님은 어떻게 믿어야 하는지 분명한 가르침을 주시며 꾸짖으셨다.

"당신의 제자들이 어찌하여 장로들의 전통을 범하나이까 떡 먹을 때에 손을 씻지 아니하나이다"(마태복음 15:2)

　이들은 하나님의 말씀을 지키는 것이 아니라 어느새 장로들이 만들어 낸 전통을 지키고 있었다는 것을 알 수 있다. 그러자 예수님은 이들에게

3　하나님께 드리기 위해 거룩하게 구별하여 따로 떼어 둔 헌물을 뜻하는 히브리어 '코르반'의 헬라어 음역이다(레위기 1:2-3). 특히 신약 시대의 바리새인들은 고르반을 악용하였다.

되레 물으셨다.

"대답하여 이르시되 너희는 어찌하여 너희의 전통으로 하나님의 계명을 범하느냐"(마태복음 15:3)

이처럼 전통이 고착화되면 오히려 하나님의 계명을 어기게 마련이고, 좋은 전통이란 존재하지 않는다. 진리는 그대로 진리여야 한다. 무엇인가 강조하고 첨가하여 고치고 수정하고 덧붙일 필요가 없다.

유대인들의 신앙 형태를 그대로 이어받아 교황주의자들이 나타났다. 구두로 내려온 전통을 하나님의 말씀과 동등하게 받아들이고, 그것을 '동일하게 경건한 애정과 존경으로'[4] 취하였다. 사람이 만들어 낸 것들이 하나님께서 제정하신 것들에 덧붙여져서 이것은 외식이요, 그저 인간의 종교에 불과하게 된다. 그래서 예수님은 무리를 불러서 제대로 기독교가 무엇인지 알려 주셨다.

"무리를 불러 이르시되 듣고 깨달으라 입으로 들어가는 것이 사람을 더럽게 하는 것이 아니라 입에서 나오는 그것이 사람을 더럽게 하는 것이니라"(마태복음 15:10~11)

"입으로 들어가는 모든 것은 배로 들어가서 뒤로 내버려지는 줄 알지 못하느냐 입에서 나오는 것들은 마음에서 나오나니 이것이야말로 사람을 더럽게

---

4 트렌트 공의회 법령

하느니라 마음에서 나오는 것은 악한 생각과 살인과 간음과 음란과 도둑질과 거짓 증언과 비방이니 이런 것들이 사람을 더럽게 하는 것이요 씻지 않은 손으로 먹는 것은 사람을 더럽게 하지 못하느니라"(마태복음 15:17~20)

기독교는 사람이 만들어 낸 교회 생활을 하는 것이 아니다. 사람을 더럽게 하는 마음속에 있는 악한 생각, 즉 살인, 간음, 음란, 도둑질, 거짓 증언, 비방과 같은 덫에서부터 말씀 사랑으로 자유롭게 되는 것이다. 그래서 요한복음 8장에서 진리를 알지니 진리가 너희를 자유롭게 한다고 하셨다. 이것이 신부 단장이요, 좁은 문으로 들어감이요, 반석 위에 집을 짓는 것이요, 기름 준비하는 신앙이다.

3 말씀 하나님

아파트 교회가 생기고 자립하기까지 가장 중요한 핵심을 공개하고 싶다. 그 비밀과 경험은 제 2위이신 예수 그리스도의 말씀이다. 그래서 아파트 교회에서는 하나님의 말씀을 '말씀 하나님'[5]이라고 한다. 그동안 하나님께서 하시는 말씀이라 하여 '하나님 말씀'이라고 했으나 성경은 하나님은 곧 '말씀'이라고 기록한다.

---

[5] 이 책의 '말씀'에 대한 해석은 "태초에 말씀이 계시니라 이 말씀이 하나님과 함께 계셨으니 이 말씀은 곧 하나님이시니라"(요한복음 1:1)에 따르고 있다.

"태초에 말씀이 계시니라 이 말씀이 하나님과 함께 계셨으니 이 말씀은 곧 하나님이시니라"(요한복음 1:1)

말씀은 곧 하나님이시다. 처음에 이 구절을 읽는데 망치로 머리를 맞은 것 같았다. 잠깐만! 태초에 말씀이 계셨어! 그래! 그런데 '이 말씀은 하나님과 함께 계셨네!' 이 말씀이 곧 하나님이라고? 그럼 옆에 있는 하나님은 누구시지?

"말씀이 육신이 되어 우리 가운데 거하시매 우리가 그의 영광을 보니 아버지의 독생자의 영광이요 은혜와 진리가 충만하더라"(요한복음 1:14)

14절에 말씀이 육신이 되었다고 했으니까 말씀은 아들 예수님이시고, 그렇다면 아들 옆에 계신 분은 아버지 하나님이시구나!' 하나님 옆에 계신 성자 예수님이 말씀이라는 사실이 놀라웠다. 예수님이 말씀이시고, 예수님 옆에 계신 하나님은 아버지 하나님이시고 그 옆에 계신 분이 말씀 하나님이신 아들 예수님이셨네! 이 아들이신 말씀께서 만물을 창조하셨다는 내용이 2절과 3절에 계속된다.

"그(말씀)가 태초에 하나님(아버지)과 함께 계셨고 만물이 그(말씀)로 말미암아 지은 바 되었으니 지은 것이 하나도 그(말씀)가 없이는 된 것이 없느니라"(요한복음 1:2~3)

말씀이 태초에 아버지와 함께 계셨고 만물이 말씀으로 말미암아 지은 바 되었으니 지은 것이 하나도 말씀이 없이는 된 것이 없었다는 뜻이다. 이 본문을 바탕으로 창세기 1장 1절인 "태초에 하나님이 천지를 창조하시니라"를 해석해 보았더니 아래와 같은 창조론이 나왔다. "태초에 아버지 하나님이 말씀이신 아들 예수님으로 천지를 창조하시니라"

이것이 창세기 1장 1절과 요한복음 1장 1~2절의 정확한 뜻이었다. 점점 왜 예수님이 우리의 메시아가 되시는지 분명해졌다. 내가 믿는 하나님은 말씀이셨다. 아들이 말씀이라면 아버지는 누구시겠는가? 당연히 아버지께서도 말씀이란 뜻이 된다. 예수님은 하나님의 '본체'라고 하셨기 때문이다.

하나님의 본체는 말씀이시다. 그런데 우리는 유대교처럼 말씀만 빼놓고 일 열심히 하면서 살았다는 말이 된다.

"그는 근본 하나님의 본체시나 하나님과 동등됨을 취할 것으로 여기지 아니하시고"(빌립보서 2:6)

말씀이신 분이 말씀께 복종하기로 하신 것이다.

내가 믿는 하나님께서 '말씀'이라면 '하나님의 말씀'이라는 표현보다 좀 더 정확하게 표현하자면 '말씀 하나님'일 것이고, 우리의 신앙의 목표가 더 명확해진다. 그렇다면 말씀에 '절대복종'은 피조물인 인간으로서 당연한 진리이다. 말씀을 어기는 것은 하나님을 부정하고 내가 하나님 자리에 앉겠다는 뜻이기도 하다. 아! 그래서 말씀을 거역하고 선악과를 먹은 것이 피조물의 자리를 벗어나 하나님 자리에 앉는 꼴이었구나.

이렇게 눈을 뜨니 나와 내 주변의 많은 신앙인이 말씀은 알지만 '그렇게 살기가 참 힘들지요.', '사람이 연약해서 어쩔 수 없어요.', '예수님이 내 죄 다 씻어 주셨으니 괜찮아요!' 하면서 말씀에 순종하기보다 예배와 기도에만 열중하는 모습이 훤히 보였다.

복음이 우리를 말씀이신 하나님께 인도해야 하는데 도리어 우리를 교만케 만들고 면죄부 역할을 했다. 마치 산돌이신 예수님을 버리고 벽돌에 역청을 만들어 우리 이름을 내려는 바벨탑을 닮았다. 그래서 말씀 없는 복음은 자신을 높이는 역청이다. 이때부터 묵상을 계속하면서 성경 전체가 말씀 순종과 불순종으로 인한 흥망성쇠를 다루고 있음을 알게 되었다. 에덴에서 추방당한 것부터 말씀에 불순종한 것이다. 성경 어디를 보아도 말씀 순종 신앙을 줄곧 외치고 있다. 에녹, 노아, 아브라함, 사무엘, 다윗 등과 같이 성경 속에서 하나님과 동행했던 인물은 한결같이 다 말씀 순종의 사람들이었다.

사무엘은 여호와께서 번제와 다른 제사를 그 목소리 청종하는 것을 좋아하심 같이 좋아하겠냐고 하였다(사무엘상 15:22). 선지자들은 땅만 밟지 말라고 외쳤고 금식보다 차라리 압제하는 이웃의 결박을 풀어 주라고 하였다(이사야 58:6). 정의를 물 같이, 공의를 마르지 않는 강 같이 흐르게 하라고 하였고(아모스 5:24) 힘써 여호와를 알자고 외쳤다(호세아 6:3). '안다'라는 원어가 벌써 절대복종이 포함된 야다(ידע,, 3045)였다.

신약에서도 좁은 문으로 들어가라는 말씀(마태복음 7:13)이나, 말씀을 듣고 행하는 반석 위에 지은 집(마태복음 7:24)이나, 착하고 좋은 마음으로 말씀을 듣고 지키어 인내하여 결실하는 좋은 밭(마태복음 13:23)이 다 말씀에 절대복종하라는 뜻이었다.

말씀에 눈을 뜨고 목사가 먼저 말씀을 잘 알고 말씀에 복종하는 제자가 되는 것이 예수님의 사역 방법과 일치했다. 제자들은 예수님이 어떤 분이신지 알기까지 3년 반 동안 훈련을 해야만 했다. 말씀을 통해 내 죽은 인생의 원인이 무엇인지 알게 되었다.

말씀이 하나님이시니 그 안에 생명이 있고 이것이 사람들의 빛이라고 하셨다. 그래서 요한복음 6장에서는 말씀이 우리가 먹어야만 살 수 있는 썩지 않을 양식이라고 하지 않았는가. 사람은 이 양식을 먹어야만 살 수 있는 존재다. 우리는 썩을 양식을 위하여 열심인데, 말씀은 영생하도록 있는 양식이신 예수님을 위해 일하라고 말한다.

"썩을 양식을 위하여 일하지 말고 영생하도록 있는 양식을 위하여 하라 이 양식은 인자가 너희에게 주리니 인자는 아버지 하나님께서 인치신 자니라"(요한복음 6:27)

잠언을 묵상하게 되었다. 목사라는 사람이 잠언에 예수님이 나온다는 것도 몰랐다. 잠언에 나오는 '지혜'는 요한복음 1장의 말씀과 일치했다.

"여호와께서 그 조화의 시작 곧 태초에 일하시기 전에 나를 가지셨으며 만세 전부터, 태초부터, 땅이 생기기 전부터 내가 세움을 받았나니 아직 바다가 생기지 아니하였고 큰 샘들이 있기 전에 내가 이미 났으며 산이 세워지기 전에,

언덕이 생기기 전에 내가 이미 났으니 하나님이 아직 땅도, 들도, 세상 진토의 근원도 짓지 아니하셨을 때에라 그가 하늘을 지으시며 궁창을 해면에 두르실 때에 내가 거기 있었고 그가 위로 구름 하늘을 견고하게 하시며 바다의 샘들을 힘 있게 하시며 바다의 한계를 정하여 물이 명령을 거스르지 못하게 하시며 또 땅의 기초를 정하실 때에 내가 그 곁에 있어서 창조자가 되어 날마다 그의 기뻐하신 바가 되었으며 항상 그 앞에서 즐거워하였으며"(잠 8:22~30)

잠언에서는 지식, 명철, 지혜라는 단어가 많이 나온다. 말씀이신 아들 예수님을 통해 여호와를 경외하는 것이 '지식'이고, 성경을 통해 하나님 섬김이 곧 말씀을 순종하는 것이라는 것을 깨닫고(기노스코), 그대로 순종하는 것을 '명철(명철한 자)'이라 하며 이 말씀이신 예수님과 함께 날마다 사는 것을 '지혜(지혜자)'라고 한다. 또한 이 지혜자를 복 있는 자라고 한다.

나는 한국 교회가 길러 낸 목사다. 장로교회에서 자랐고 정규 신학대학원을 졸업했고, 정통 교단에서 목사 안수를 받았는데 왜 이제야 예수님을 알게 되었을까? 말씀을 모르는 사람이 역시 모르는 사람들을 모아서 또 다른 길을 내고 있는 것이 한국 기독교의 현실이 아닌가.

기도회가 유행처럼 번지곤 하는데, 그 기도회에서 간증자들을 세워 자신들이 만난 하나님을 간증한다. 그러나 간증이 아무리 은혜롭고 훌륭해도 주인공은 사람이다. 오직 생명은 예수님 밖에 없다. 예수님께서 예수님 말씀을 사람을 통해서 전할 때 생명이 된다.

이에 대해서는 요한일서에서 말씀한 바 있다.

"태초부터 있는 생명의 말씀에 관하여는 우리가 들은 바요 눈으로 본 바요 자세히 보고 우리의 손으로 만진 바라 이 생명이 나타내신 바 된지라 이 영원한 생명을 우리가 보았고 증언하여 너희에게 전하노니 이는 아버지와 함께 계시다가 우리에게 나타내신 바 된 이시니라"(요한일서 1:1~2)

사도들은 예수님과 함께한 간증들이 얼마나 많았는가. 사도들이 그 간증을 전하고 다녔다면 요한교나 베드로교가 생기지 않았겠는가. 대한 베드로교 장로회가 될 뻔했다.

어느 날 집회에 초청받아 말씀을 전하면서 사람들에게 알려 주고 싶은 마음에 간증하기 시작했다가 혼난 적이 있다. 설교자가 설교할 때 유혹을 조심해야 한다. 두 종류의 씨앗이 있기 때문이다. 하나는 생명력이 없는 씨앗이고, 또 하나는 생명력이 있는 씨앗이다. 내 간증이나 내 이야기는 생명력이 없고, 오직 말씀만이 생명력을 가진 씨앗이다. 곰곰이 생각해 보니 내가 만난 놀라운 일들을 열심히 간증했으나 결국 반응은 '참 잘났네요', '참 좋으시겠어요'였다. 내 이야기가 말씀처럼 들렸겠지만 생명이 없는 씨앗이었다.

예수님만이 아버지께서 유일하게 인정하는 양식이라는 말씀을 예수께서 언급하신 본문이 있다.

"썩을 양식을 위하여 일하지 말고 영생하도록 있는 양식을 위하여 하라 이 양식은 인자가 너희에게 주리니 인자는 아버지 하나님께서 인치신 자니라"(요한복음 6:27)

그렇다. 유일하게 하나님 아버지께서 양식이라고 인치신 분은 태초에 아버지 하나님과 함께 계시다가 나타나신 예수 그리스도밖에 없다. 유일하고 절대적이다. 아파트 교회의 핵심은 그래서 말씀 하나님이신 예수 그리스도다.

세상의 지식도 당연히 필요하다. 그런데 세상의 지식을 성경과 비교함은 옳지 않다. 성경과 세상의 지식은 비교 불가하기에 그렇다. 성경을 안다면 바울처럼 그리스도를 아는 지식이 가장 고상하여 다 배설물로 여김이 옳다. 맛을 보면 맛을 아는 샘(eternal spring)표 말씀이시다.

4/ 말씀에 목숨 걸기

언제부터인가 예배에 목숨을 걸라는 말이 한국 교회에 유행처럼 번졌다. 예배, 기도, 찬양, 전도, 선교 이런 말들은 정말 거룩한 단어들이기에 외치면 외칠수록 의로운 사람이 되고 경건한 사람으로 인정받기 쉽다. 사실 예배는 아무리 강조해도 지나친 말이 아니다. 예배를 강조하면 하나님께 칭찬받는 느낌도 든다.

그러나 예배에 목숨 걸자는 말이 나왔다면 예배에 모이지 않기 때문이 아니겠는가. 모이기를 폐하지 말라고 하셨는데 모이기를 싫어하는 분위기는 일찌감치 감지됐다. 금요철야가 없다는 것은 상상도 못했는데 이미 20년 전에 이런 현상이 일어나기 시작했고(전도사 때부터 전국을 다니면서 집회를 인도했던 터라 각 교회 교역자들을 많이 만나면서 직접 확인한 이야기다), 주일 오후 예배도 텅텅 빈자리가 많다.

왜 모이지 않을까? 예배자가 없기 때문이다. 그렇다면 예배를 외치기 전에 예배자를 만들어야 하지 않을까? 예배자는 어떻게 만들 수 있을까? 누가 예배자인가? 당연히 말씀을 사랑하는 자가 예배자다. 예배 자리에 모이기 전에 이미 예배자는 누구인지 결판이 난다. 예배자를 만드는 것은 말씀의 계시와 계시를 받은 사람의 응답인 말씀의 주체적인 사역이다.

그럼 오늘날 우리가 외치는 발음을 잘 생각해 보자! 예배에 목숨 걸자고 하면 억지로 끌려 나오는 듯하다. 한마디로 마냥 배부른 사람에게 밥 먹으러 오라는 격이다. 그러나 영적으로 허기진 사람은 제 발로 찾아와서 문을 두드린다. 말씀을 먹이고 말씀에 눈뜨면 영과 진리 안에 거하는 예배자가 된다. 말씀이 얼마나 중요한지 알면 말씀에 목숨 걸자고 해야지 예배에 목숨 걸자고 하지 않을 것이다.

네이버 검색창에 '말씀에 목숨 걸라'를 검색해 보았다. 거의 찾아볼 수가 없다. 지금 우리의 모습이 그대로 반영되고 있다. 수많은 사람이 자료를 올리고 설교를 올리는데, 목숨 걸지 말아야 할 곳에 목숨 걸자는 구호는 아주 쉽게 찾을 수 있다. '예배에 목숨 걸자, 기도에 목숨 걸자, 사명에 목숨 걸자, 설교에 목숨 걸자' 등이다. 가인과 아벨의 제사 이야기를 모르는 사람이 있던가? 말씀 순종이 기도인데 말씀 없는 기도가 어떻게 가능하며, 말씀을 받은 만큼 또 말씀을 남겨야 하는 것이 달란트 비유인데 말씀이 없는데 어떻게 말씀 장사를 하는가.

요한복음 4장에서 사마리아 여인을 찾아가신 예수님께서는 분명히 예배가 아니라 예배자를 찾는다고 가르쳐 주셨다. 사마리아 여인이 예수님께 먼저 질문한 것은 예배 장소였다.

"우리 조상들은 이 산에서 예배하였는데 당신들의 말은 예배할 곳이 예루살렘에 있다 하더이다"(요한복음 4:20)

그러자 예수님은 장소를 아예 무시해 버리고 예배할 때를 가르치셨다. 지금이 바로 아버지께 예배할 '때'라는 것이다. 그건 태초에 계신 말씀께서 때가 차매 지금 오셨으니 먼저 예수님이 누구신지 알아보는 게 급선무라는 뜻이다.

"예수께서 이르시되 여자여 내 말을 믿으라 이 산에서도 말고 예루살렘에서도 말고 너희가 아버지께 예배할 때가 이르리라"(요한복음 4:21)
"아버지께 참되게 예배하는 자들은 영과 진리로 예배할 때가 오나니 곧 이 때라 아버지께서는 자기에게 이렇게 예배하는 자들(예배자)을 찾으시느니라"(요한복음 4:23)

그래서 말씀을 모르면 영과 진리 안에 거할 수 없고, 자연스럽게 예배자가 될 수 없으며 그런 예배자가 드리는 예배는 받지 않으신다는 결론이 나온다. 영과 진리 안에 있다는 것이 무슨 뜻인지 성경은 성경으로 풀어 보면 더 명확한 답을 얻을 수 있다. 로마서 12장 1절은 유명한 암송 구절이다.

"그러므로 형제들아 내가 하나님의 모든 자비하심으로 너희를 권하노니 너

희 몸을 하나님이 기뻐하시는 거룩한 산 제물로 드리라 이는 너희가 드릴 영적 예배니라"(로마서 12:1)

어떻게 해야 우리 몸을 거룩한 산 제물로 드릴 수 있는가? 스스로 답해 보았으면 한다. 거룩한 산 제물로 살지 못하면서 핑계는 많다. 성경은 거룩한 산 제물로 드리라는데, 그것이 우리가 드릴 영적 예배인데 무슨 핑계를 댈 수 있을까?

거룩한 산 제물이 된다는 것은 우리의 정과 욕심을 완전히 십자가에 못 박아 죽으라는 말이다. 정과 욕심을 어떻게 죽일 수 있는가? "그런즉 이제는 내가 사는 것이 아니요 오직 내 안에 예수께서 사신"(갈라디아서 2:20) 것이 어떻게 가능할까? 오직 유일한 방법은 말씀에 온전히 나의 내면이 잡아먹혀서 나의 지, 정, 의가 완전히 새로운 의와 진리의 거룩하심으로 우리의 본성을 재창조해 주셔서 옛 사람을 벗어 버리고 새사람으로 살아갈 때 거룩한 산 제물이 된다.

영적 예배에서 '영적'이란 원어를 보면 λογικός(3050, 로기코스) '말씀의, 이성적인, 영적인'이란 뜻[6]이다. 그래서 영적이란 단어를 말씀의 예배로 번역하는 것이 문맥상 가장 일치한다. λογικός는 말씀이라는 λόγος(3056, 로고스, 말씀)의 형용사다. 그러면 예배에 목숨 걸 게 아니라 말씀에 목숨 걸어야 하지 않겠는가. 말씀에 순종하지 않고 회개에 합당한 열매를 맺지 않으면서 드려지는 예배와 수십 명, 수백 명이 드리는 찬송 소리를

---

6 이병철, 『성경 원어 해석 대사전 바이블 렉스 10.0 신·구약』(서울 : 브니엘성경연구소, 2019)

주께서 소음으로 듣지 않으시겠는가.

바울은 집을 짓는 건축자들은 하나님의 동역자들이고 밭과 집은 성도들이라고 했다.

"우리는 하나님의 동역자들이요 너희는 하나님의 밭이요 하나님의 집이니라"(고린도전서 3:9)

사역자들에게 집을 지을 때 특별히 주의하라고 했다. 즉 하나님의 밭이요 집인 성도들을 가르칠 때 주의해서 집을 지으라는 뜻이다.

"내게 주신 하나님의 은혜를 따라 내가 지혜로운 건축자와 같이 터를 닦아 두매 다른 이가 그 위에 세우나 그러나 각각 어떻게 그 위에 세울까를 조심할지니라"(고린도전서 3:10)

그리고 무엇으로 집을 짓는지 그 재료들을 언급했다. 금, 은, 보석, 나무, 풀, 지푸라기들인데 타는 것과 타지 않는 것들이다.

"만일 누구든지 금이나 은이나 보석이나 나무나 풀이나 짚으로 이 터 위에 세우면"(고린도전서 3:12)

그리고 마지막 날 건축자들의 공적을 불로 시험해 보겠다고 했다. 그 수고한 공적이 불에 타지 않고 그대로 있으면 상을 받고, 만일 타면 해를 받게 되는데 그런 건축자는 불 가운데서 구원받는 것처럼 된다고도 했다.

"누구든지 그 공적이 불타면 해를 받으리니 그러나 자신은 구원을 받되 불 가운데서 받은 것 같으리라"(고린도전서 3:15)

그래서 아파트 교회는 말씀 하나님 외에는 자랑할 것이 없다. 아파트 안에서 말씀 묵상하다가 말씀이 나를 삼키셨고 날마다 말씀과 함께 살다가 말씀에 눈을 떠서 말씀의 씨앗을 뿌렸더니 거두게 하셨을 뿐이다. 그래서 이 말씀이 천국 열쇠라는 것을 알고, 많은 동역자와 함께 이 길을 공유하고자 책을 쓰게 되었다.

어느 날 많은 사역자가 엎드러져 있다는 것을 알게 되면서 나도 모르는 복받치는 눈물을 쏟았다. 주님께서는 주님의 종들을 일으켜 세우기를 원하시지 않겠는가? 전쟁터에서 함께 싸우는 전우애가 불타올랐다. 나를 7년 동안 가르치시고, 교회를 세우시고, 그 길을 주님의 사랑하는 종들에게 알리고 싶으셨나 보다. 이 영광스러운 일에 작은 스피커 역할을 하게 된 것뿐이다.

영혼들은 많고 가르칠 말씀은 너무나 많아서 한 사람의 제자가 시급하다. 이제 발음을 정확히 하자! 받으시는 예배를 드릴 수 있는 참된 예배자기 되자! 말씀에 목숨 거는 바른 발음 '말씀에 목숨 걸자!'를 함께 외치자!

| PART 4 제자훈련 |

복 있는 자로 살겠습니다

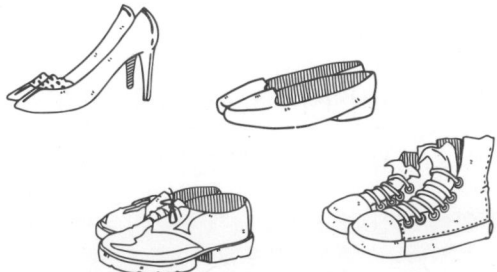

복 있는 사람은 악인들의 꾀를 따르지 아니하며
죄인들의 길에 서지 아니하며
오만한 자들의 자리에 앉지 아니하고
(시편 1:1)

1 은혜 위에 은혜로 살기

　내가 예수님을 인격적으로 영접한 것은 고등학교 2학년 때였다. 목사가 되고 싶어서 고등학교 2학년 때 서원기도를 드렸다. '하나님 저는 목사 될 자격이 없는데, 목사만 된다면 무엇을 먹고 마시든 괜찮습니다. 아스팔트 위에서 자도 좋습니다.'

　그렇게 꿈을 이루었으나 목사로서 하나님께 어떻게 살아왔냐고 물으면 할 말이 없다. 내 인생은 선명하게 말씀을 묵상하기 전과 후로 뚜렷하게 나누어진다. 물론 묵상 생활하기 전에도 신자였다. 죽어서 천국 갈 수 있다고 믿었고, 내 안에 계신 하나님에 대해 추호의 의심도 없었다.

　그런데 내 인생은 죄로 얼룩졌고, 내가 세워 놓은 모든 것이 쓸모없다는 것을 알게 하셨다. 방송도 해 보았고, 캠프 강사, 대형 교회 부목사, 담임목사, 전도 강사, 어린이·청소년 부흥사에 심지어 쇼핑몰까지 운영했었다. 한국 교회에 솜사탕 제조기를 처음 알린 것도 나였다. 지금 후배들을 보면 어쩜 그렇게 내가 살아온 과정을 그대로 걷는지, 가끔 페북을 보면서 만감이 교차한다.

　요한복음 1장 4절에 말씀 안에 생명과 빛이 있다고 하였다. 그냥 쉽게 지나칠 구절이 아니다. 이것을 모르면 내게 생명이 없고 빛이 없게 되니 죽은 신앙에 어둠의 자식으로 살 수 있다. 그 말씀이 육신이 되어 내려오셔서 가르치시며 보여주신 가르침과 사역들이 다시 말씀이 되어 오늘 내 손 안에 성경 말씀이 되었다. 그래서 성경이 사람들의 생명과 빛이다.

그런데 나는 신학을 했어도 말씀을 몰랐으니 당연히 생명이 없고 빛이 없었다. 그렇게 생각하니 예수님을 믿어도 왜 내 인생이 그렇게 죄로 얼룩지고 내 인생과 내가 쌓아 놓은 모든 사역이 무너졌는지 알 수 있었다.

요한복음 1장 14절에 보면, 예수님을 좀 더 상세히 설명하였다. 예수님은 세 가지를 가지고 계셨다. 하나는 아버지의 독생자의 영광, 두 번째는 은혜, 세 번째는 진리이다.

"말씀이 육신이 되어 우리 가운데 거하시매 우리가 그의 영광을 보니 아버지의 독생자의 영광이요 은혜와 진리가 충만하더라"(요한복음 1:14)

그런데 요한은 예수님의 충만한 데서 두 가지를 받는다고 했다. 은혜와 진리가 충만한 데서 받으니 은혜 위에 은혜라고 했다. 앞의 은혜는 누구든지 믿는 자에게 값없이 주시는 구원의 선물인 은혜이고, 뒤는 진리인 말씀의 은혜이다. 우리가 이것을 받으니 은혜와 말씀이 충만하다고 요한은 고백하고 있었다.

"우리가 다 그의 충만한 데서 받으니 은혜 위에 은혜러라"(요한복음 1:16)

아! 은혜는 은혜 위에 은혜가 은혜임을 알았다. 은혜 위에 또 은혜가 있구나! 앞에 있는 값없이 하나님의 자녀가 되는 은혜는 받았으나 정작 자녀로서 살게 하는 진리의 은혜는 막연히 알고 있었고 누구도 가르쳐 준 적이 없었다. 그래서 디모데에게 바울은 "크도다 경건의 비밀이여!"라고 했던 것이다(디모데전서 3:16). 평소 성경을 가까이하지 않고 열심히 사역만 했으니 정말 진리만 빼고 살았다는 것을 알 수 있었다.

이렇게 아파트 교회는 말씀을 통해서 아버지와 우리 주 예수 그리스도 그리고 성령님께서 정말 바라시고 명령하시는 의도가 무엇인지 분명히 알고 모든 목회의 방향과 정체성, 목표를 성경 말씀에 맞추게 되었다.

복음을 영접하여 갓난아이가 됐으면 이제 신령한 젖을 먹고 성장하여 단단한 식물도 먹을 수 있어서 그리스도의 머리까지 자라나는 장성한 자가 되는 것이 우리의 신앙이었다. 너무나 평범한 진리였고 당연한 원리였음에도 어떻게 그렇게 고등학교 2학년 때부터 나이가 사십 중반이 될 때까지 이렇게 까막눈이었을까 싶다.

성경을 연구하면서 그리스도로 옷 입는 것은 곧 말씀 생활이라는 것을 깨닫는다. 사람이 입는 옷에는 속옷과 겉옷이 있고, 옷을 입는 순서가 있다. 겉옷을 입고 속옷을 입는 사람은 없다. 마찬가지로 복음이란 속옷을 입었으면 진리라는 그리스도의 겉옷을 입어야 한다. 말씀이 깊어져서 내면이 진리로 채워지면 예수께 절대복종 된 상태라는 것도 알 수 있을 것이다.

그래서 세례(침례) 받을 때도 그리스도로 옷 입는다는 표현을 하였고, 진리로 빛의 갑옷을 입는 것도 그리스도로 옷 입는 것이라고 표현되어 있다.

"누구든지 그리스도와 합하기 위하여 세례를 받은 자는 그리스도로 옷 입었

느니라"(갈라디아서 3:27)

"밤이 깊고 낮이 가까웠으니 그러므로 우리가 어둠의 일을 벗고 빛의 갑옷을 입자 낮에와 같이 단정히 행하고 방탕하거나 술 취하지 말며 음란하거나 호색하지 말며 다투거나 시기하지 말고 오직 주 예수 그리스도로 옷 입고 정욕을 위하여 육신의 일을 도모하지 말라"(로마서 13:12~14)

바울 서신을 묵상하면서, 바울이 말끝마다 했던 예수 '안'에서란 원어를 연구한 적이 있다. 여기서 사용된 '안'이란 헬라어 원어 '엔(ἐν,1722)'은 일곱 가지 문법적 뜻을 가지고 있는 굉장히 중요한 단어다. 간략하게 『성경 원어 해석 대사전 바이블렉스 10.0』에 있는 일곱 가지 문법적 특징을 그대로 소개하고자 한다. 이것을 알게 되면 왜 말씀이어야 하는지와 우리가 목숨을 걸자고 하던 것들의 방향과 목표가 다시 말씀으로 수정될 수 있다.

1. **통합된 일치** "우리로 하여금 그의 안에서 (그리스도의 인격 안에서 통합되어) 하나님의 의가 되게 하려 하심이니라"(고린도후서 5:21). "그러므로 이제 그리스도 예수 안에 있는 자에게는 (그리스도 예수와 일치를 이룬 자에게는) 결코 정죄함이 없나니"(로마서 8:1). "그런즉 누구든지 그리스도 안에 있으면 (어떤 사람이든지 그리스도와 연합한다면) 새로운 피조물이니라"(고린도후서 5:17). 즉 진리이신 예수님의 인격 안에서 통합되어 일치가 되어야 예수 안이다. 진리 없이는 불가능하다.

2. **관계의 영역** "내가 그리스도 안에 있는 한 사람 (바울 자신을 이렇게 표현하고 있다.)을 아노니"(고린도후서 12:2). "그리스도 예수로 자랑하고 (예수 그리스도의 영역에서 자랑하고)"(빌립보서 3:3). 예수님과 아주 관계적으로

그 안에 살고 있는 자를 말한다. 그래서 바울이 한 것이 다 예수께서 하신 것이니 자랑할 것이 없다는 뜻이다.

3. **대리 기능 혹은 수단** "그리스도 예수 안에 있는 (그리스도 예수에 의하여 성취된) 구속으로 말미암아 하나님의 은혜로 값없이 의롭다 하심을 얻은 자 되었느니라"(로마서 3:24). 우리는 의로움이 하나도 없다. 의를 예수께서 대신 만족시키셔서 이미 성취하셨고 예수께서 우리를 인도해 가신다.

4. **원인** "너희도 그 안에서 (그리스도 안에 있는 결과로) 충만하여졌으니"(골로새서 2:10). "그리스도 안에서 (그리스도와 연결되고 결속됨으로 말미암아) 모든 사람이 삶을 얻으리라"(고린도전서 15:22). 모든 것이 말씀 안에 거하게 하셔서 그 말씀으로 인한 생명과 빛으로 우리가 믿음이 생긴 것이다.

5. **양태** "너희는 유대인이나 헬라인이나 종이나 자유인이나 남자나 여자나 다 그리스도 예수 안에서 (그리스도 예수 안에 있으므로 말미암아) 하나이니라"(갈라디아서 3:28) 우리가 존재하는 모습도 예수 안에서 누구든지 하나로 존재한다.

6. **공간** "우리 주, 그리스도 예수 안에 있는 (우리 주, 그리스도 예수 안에 집중된) 하나님의 사랑"(로마서 8:39). "너희 안에 (너희 가운데) 이 마음을 품으라 곧 그리스도 예수의 마음이니"(빌 2:5). 우리는 말씀 안에서 공간적으로도 가장 중심에 예수님을 모셔야 하고 그 예수님 때문에 아버지께 사랑을 받을 수 있다는 뜻이다.

7. **권위 있는 근거** "우리가 주 예수 안에서 (주 예수의 권위에 의거하여) 너희에게 구하고 권면하노니"(데살로니가전서 4:1) 권면할 수 있는 근거와

권위도 예수 안에서만이 가능하다.

　오직 예수님이신 진리와 통합되고 일치되어야 하며, 예수님 안에 살아가는 관계를 맺고 살아야 하고, 모든 믿음과 사역의 열매들이 예수님이 원인이 된 결과이어야 한다. 권세와 능력도 예수님께 있고, 존재하는 것도 예수 안에서 하나로 존재해야 하고, 오직 예수 안에 있을 때만 하나님께 사랑받으며 우리 한가운데 이 진리이신 예수를 품고 살아야 한다. 그것이 주 안에서이다.

　바울은 로마서 16장에서만 '주 안에서'란 표현을 총 스물일곱 구절에서 무려 열한 번이나 주 안에서를 반복한다. 16장은 문안 인사가 주를 이루는 로마서 끝장인데 문안 인사를 해도 주 안에서 하고 있다. 주 안에 있는 자가 주 안에서 주 안에 있는 자에게 주 안에서 문안하는 것이 주 안에 있는 형제에 대한 문안이 될 수 있다.

　로마서에서도 복음에는 하나님의 의가 나타나서 믿음으로 믿음에 이르게 하나니 오직 의인은 믿음으로 말미암아 살리라고 믿음을 총 세 번이나 언급하는 것과 같은 맥락이다.

"복음에는 하나님의 의가 나타나서 믿음으로 믿음에 이르게 하나니 기록된 바 오직 의인은 믿음으로 말미암아 살리라 함과 같으니라"(로마서 1:17)

　신앙은 장거리 마라톤이자 천로역정이다. 그런데 왼쪽 다리만으로 뛰어서는 완주하기 어렵다. 우승은 꿈도 꾸지 못한다. 설령 의족과 왼쪽 다리로 42.195km를 뛴다고 해도 자칫 무릎 연골을 다쳐 다리를 못쓰게 될지도 모른다. 이처럼 그냥 복음 듣고 하나님 자녀가 됐다고 해서, 말씀 없이 예배만 드린다고 해서 과연 끝까지 달려갈 길을 마칠 수 있을까?

한국 교회 역사가 100년이 넘었고 종교개혁은 500주년이 넘었는데 여전히 복음만 외치며 살고 있다. 그래서 믿는 게 믿는 게 아니고 아는 게 아는 게 아니며 그 거룩과 그 거룩은 다르다. 안다고 하면 모르는 사람이고 몰랐다고 고백하면 안다는 것이다. 난 정말 몰랐다. 정말 몰랐다. 지금도 계속 몰랐다는 것만 깨닫고 있다. "진정 난, 몰랐었네!!" 지금 나는 마치 다리 하나로 살다가 두 다리로 살아가는 듯하다.

2/ 복 있는 자로 살기

한동안 교회 안에 카페를 만드는 게 유행이고, 카페 교회가 유행이었다. 앞에서 언급했던 것처럼 이를 헬라식 전도라고 한다. 뭔가 인간적인 힘으로 사람들을 모으려 하고 인간적인 지혜로 목회하려고 한다.

예수님께서 '하나님의 능력과 지혜'라는 것을 안다면 다른 것에 의지하여 주님의 교회를 개척할까? 예수님께서는 교회를 어떻게 개척하셨을까? 먼저 12명의 제자를 가르치셔서 바울까지 13명의 교회를 개척하셨다. 임대료 내실 필요도 없으셨다. 열심히 다니시면서 목양하셨는데 진짜 목적은 제자들을 길러 내시기 위함이셨다. 나중에 잘 길러 낸 베드로 한 명이 성도 수천 명을 가르쳤다. 13명의 제자로 인해 믿는 자들을 날마다 더하셨다. 한 번 설교하니 3천 명씩 회개하고 돌아왔다.

이스라엘은 하나님을 믿는 나라이기에 우리와는 환경이 다르지만, 원리는 같다. 항상 예수님께서 제자인 목회자 먼저 훈련하셔서 그가 준비되면 주님께서 직접 사람들을 보내 주신다. 그래야 교회가 안전하다. 개척 3년 만에 50명이 전도되었는데, 한 사람이 성도들을 다 데리고 나갔다는 소리를 종종 들어서 새롭지도 않다.

그래서 이 순서를 잊어선 안 된다. 목사, 교회의 리더들 그리고 성도들이 말씀 안에 바로 서야 한다. 그래야 기초가 튼튼한 건축이 될 수 있다. 그런 측면에서 아파트 교회는 사택이자 교회라는 점에서 시간과 비용의 리스크 없이 목회자가 말씀에 올인할 수 있다.

오랜만에 아는 지인 목사님을 만났다. 카페 교회를 개척하고 재정을 충당하고자 다단계를 하더니 그쪽에서 꽤 성공해서 연봉이 8천이라 하셨다. 그래서 지금은 다단계 하는 분들로 성도들의 구성원이 되었다고 한다. 그때 내가 묵상하면서 의문점이 풀린 게 있었는데 빌립보서에 바울이 자신에게 유익한 것을 그리스도를 위해서 버렸고, 심지어 배설물로 여긴다고 한 본문이었다.

사실 도저히 이해가 되지 않았다. 어떻게 유익한 것을 배설물로 여길 수 있을까? 이것이 가능하기나 한가? 그런데 말씀을 묵상하면서 있을 수 없는 기적들을 계속 경험하다가 비로소 몸으로 말씀을 체험하다 보니 예수님을 돈과 비교했던 나 자신이 얼마나 부끄러웠는지 모른다.

그리스도를 아는 지식이 '가장 고상하다'를 원어로 보면 '가장 탁월하다, 초월한다'라는 뜻이다. 진짜 묵상을 통해서 그리스도를 알고 체험하니까 아무리 줄여도 통장에 3조를 가지고 있는 거나 다름이 없었다. 통장에 예수 그리스도가 계신 것만 같았다. 목회에 필요한 것들은 부족함이 없었다. 말씀이 익어 가면서 말씀이신 예수님이 왜 참 떡이고 참된 양식이라고 하셨는지 알 수 있었고, 오병이어 사건이 비로소 이해되었다.

성도들이 늘어나자 교회 차가 있어야겠고, 그동안 내가 타던 아반떼 XD도 낡아서 바꾸어야 할 것 같았다. 그런데 주님 주시는 감동은 '네 차로 어디든 못 가는 데 있느냐?'였고, 다시 '교회 차를 주세요!'라고 기도하자, 시간이 지나면서 올뉴카니발 신형을 주셨다. 4개월 쯤 지날 무렵 차량구입비만큼의 헌금이 들어왔던 것이다. 지금은 9인승의 교회 차로 이모저모 잘 쓰임받고 있다.

그렇다. 내 통장엔 예수 그리스도가 들어 계신다. 진짜다. 예수 그리스도가 내 복이요 내 양식이요 내 생명이시다. 말씀이 깊지 않았을 때는 말씀 순종 잘하면 복을 받는다는데 말씀을 계속 묵상하니 세상에! 말씀 자체가 하늘의 보화 창고요 신명기 28장에 나오는 모든 복 자체라는 것을 알 수 있었다.

그제야 시편 1편이 눈에 들어오기 시작했다. 시편 1편도 모든 성도의 암송 구절 아닌가? 참 기가 막혔다. 시편 1편에서 어떤 사람이 복이 있는지 친절하게 설명한다. 정말 복 받길 원하면 다시 어떤 사람이 복이 있는 사람인지 읽어 보자.

"복 있는 사람은 악인들의 꾀를 따르지 아니하며 죄인들의 길에 서지 아니하

며 오만한 자들의 자리에 앉지 아니하고"(시편 1:1)

보아스와 야긴에서 언급했듯이, 그동안 나는 진리가 없는 삶을 살았다. 진리를 모르면서도 잘 믿고 잘 나아가고 있다고 착각하는 오만한 자의 자리에 앉아 있었다. 당연히 복이 있을 리 만무하다. 이렇게 살았던 내가 시편 1장 2절 말씀대로 살아간다.

"오직 여호와의 율법을 즐거워하여 그의 율법을 주야로 묵상하는도다"(시편 1:2)

매일 묵상하면서 늘 머릿속엔 말씀 생각이 떠나지 않았고, 머리에 악한 생각이 3초 이상 머무르지 않도록 힘썼다. 하루를 말씀 깨닫는 재미로 도서관에서 있을 때가 많았다. 그리스도를 아는 깊이와 넓이와 크기와 높이를 더하게 하셨다. 진리가 생명이고 영의 밥이니 이 밥심으로 가능했다. 이런 사람들은 시냇가에 심겨진 나무의 잎사귀가 마르지 아니함 같이 그가 하는 모든 일이 다 형통하다고 하셨다.

그래서 1절에서 말씀하시는 복이라는 원어는 '바라크'가 아닌 '에셰르'로 쓰고 있다. 말씀 순종하는 바라크의 복을 받아서 복된 상태의 열매로서의 형통이 에셰르(אשֶׁר, 835, 행복, 복, 지복)이다. 창세기에 보면 인간을 창조하시고 보시기에 좋았던 상태에서 인간에게 복을 주시는데, 그때 복의 원어는 바라크(בָּרַךְ, 1288, 무릎을 꿇다, 축복하다, 복을 주다, 찬양하다)다. 그래서 바라크는 무릎을 꿇고 기도하는 것이요, 바라크는 무릎을 꿇고 경배하는 것이요, 바라크는 하나님이 복을 주시는 것이요, 바라크는 받는 복을 감사하며 찬양하는 것이다. 바라크 복은 '말씀 순종' 그 자체가 진짜 복이다.

그 다음 아브람에게 복을 주셔서 복이 되라고 하신 복인 '베라카(בְּרָכָה, 1293, 축복, 복을 주는 것)'가 될 수 있다. 이것이 우리 목사들이 가지고 있어야 할 '축복권'이라고 생각한다. 말씀을 가르쳐서 그들이 말씀 순종할 수 있는 복(바라크)을 받은 자들로 만드는 것은 베라카의 복인 사람만이 할 수 있다. 이 축복하는 자를 잠언에서 잘 표현해 주고 있는데, 같은 원어를 쓰고 있다.

> "성읍은 정직한 자의 축복으로 인하여 진흥하고 악한 자의 입으로 말미암아 무너지느니라"(잠언 11:11)

복보다 우선은 하나님께서 창조하신 형상과 모양대로 살아가야 한다. 그런 자들만이 하나님을 경외하며 엎드려 드리는 경배가 될 수 있는 복(바라크) 받은 자다. 노아가 말씀에 다 순종한 후 방주에서 나와서 드렸던 제사를 향기로 받으셨다고 하셨다.

이렇게 말씀대로 사는 자의 생육은 당연히 말씀이신 예수님께서 걸으셨던 자기 부인이고, 번성은 주님께서 주시는 기쁨이며, 충만은 겸손이고, 정복은 섬김이며, 다스림은 희생과 사랑이 된다. 창조 질서가 망가진 사람들은 그렇지 않다. 미움과 자기 교만과 자만이며, 살인과 자기가 하나님이 된다. 아무리 화려한 큰 성전을 건축해도 이 복을 받지 못한 사람은 벽돌에 복음 역청 발라 자신의 이름을 높이는 바벨일 뿐이다.

그래서 예수님의 첫 설교도 복 받으라는 설교였다. 산상수훈의 '팔복'이다. 여기서 복이라는 헬라어 원어 '마카리오스(μακάριος, 3107, 복된 blessed, 행복한 happy)'는 70인역 성경의 시편 1편에서 말씀하셨던 에셰르의 복을 번역한 단어다. 말씀 순종으로 예수님을 닮아 심령이 가난한 사람은 그래서 이 땅에서도 '복(에셰르)'된 사람이 된다.

그래서 복된 사람은 말씀 순종으로 심령이 가난하고, 애통하고, 온유하고, 의에 주리고, 목마르고, 긍휼히 여기고, 화평케 하고, 마음이 청결하고, 의를 위해 핍박을 받아도 진짜 이 세상 에셰르의 복된 삶을 살 수 있다. 그런 자는 천국이 저희 것이요, 위로를 받고, 땅을 차지하게 되고, 배부르고, 긍휼히 여김을 받고, 하나님을 볼 것이고, 하나님의 아들이라 인정받게 되고, 천국이 그의 것이요, 천국에서도 상이 클 것이다.

이 땅의 복과 하늘의 복 모두 다 받을 수 있는 상태가 된다는 뜻이다. 말씀 묵상이 이렇게 귀하고 귀하다. 내면의 말씀 성전이 진짜 성전이고 진짜 복이기 때문이다. 아파트 교회는 열심히 제자훈련을 통해서 말씀을 가르치고 옛 사람을 반드시 죽이도록 가르쳤다. 처음 교회 들어온 성도들의 모습은 세상에서도 바닥을 찍으신 분들이 대부분이었다.

제자훈련 오전반은 주로 3시간 30분 동안 이루어진다. 저녁반은 9시에 시작하면 새벽 1시에 끝난다. 저녁반은 직장인들이 있어서 가능하면 12시에 마치려고 했다. 이 저녁반에 86세 권사님이 함께 하신다. 그렇게 2년, 3년 훈련이 되어 은혜 위에 은혜가 무엇인지 아는 사람들이 되어 갈 즈음 이들의 세상 사업이 열리기 시작했다. 정말 말씀 따로, 복 따로, 삶 따로가 아니라 말씀과 순종, 복(에셰르)이 일치함을 확인할 수 있었다.

죽은 자에게 임금께서 겸손으로 글을 가르쳐 주셔서, 그 은혜로 순종하게 하시고, 복이 되게 하셔서 나는 물론이고 함께 하는 성도들과 목회자들을 복된 사람이 되게 하셨다. 내 이름은 동녘 동에 향기롭다는 향기 복이다. 말씀께서 진짜 내 이름대로 살게 하셨다. 나는 정말 동쪽의 순종 향기, 동복(東馥)이가 되고 싶다.

3. 46년 전통의 예루살렘 가게

아무리 내 마음이 힘들고 괴로워도 든든한 버팀목 같은 분이 계셨다. 내 마음이 항상 기댈 수 있는 큰 언덕과 같은 분이다. 어떤 힘든 일이 있어도 이분만 생각하면 왠지 모를 든든함이 몰려왔다. 이건 정말 가진 사람들만 아는 신비에 속한다.

이분의 정체를 공개하자면, 젊은 날 일찌감치 청약 제도를 공부해서 분양받은 '32평 아파트'였다. 그것도 인천 송도에 있는 아파트. 분양받고 단 하룻밤도 그 아파트에서 잔 적이 없다. 그럼에도 불구하고 이 아파트가 있다는 이유만으로 매년 두 차례씩 재산세와 매달 높은 의료보험료를 내면서도 내게는 10년이 넘도록 든든한 버팀목이고 쉴 만한 물가였다.

이 아파트 덕분에 하루도 빠짐없이 인천 송도에 무슨 투자 소식이 없나 하며 기사를 스크랩하는 재미가 있었다. 아파트 시세가 오르기 때문이다. 그 아파트 한 채가 나의 유일한 노후 대책이요 비상시 무엇이든지 할 수 있는 능력자라고 믿었다. 이 정도 되면 나의 하나님은 송도의 32평 아파트가 아닐까? 말씀 없이 살아왔던 내 삶을 가장 명확하게 드러내는 고백이다.

말씀 묵상이 시작되면서 말씀에 미쳐서 살던 어느 날 하나님은 아직도 온전치 못한 내 모습을 드러내셨다. 6년이 흘러 말씀이 하나님이라고 외치면서도 이 '아파트 하나님'은 여전히 내 마음에 크게 자리 잡고 있었다.

그러던 어느 날 전세 세입자의 만기가 다 되어 다른 곳으로 이사한다고 해서 다시 세입자를 찾는 중에 문제가 발생했다. 주변에 대단지 새 아파트가 3개월의 시차로 입주가 시작되면서 전세 시세가 떨어져 9천만 원의 갭이 생겼고, 전세 물건이 많아져서 10년차 아파트를 찾는 이가 없었다.

대출이 없는 아파트였는데, 대출을 받아서 전세금을 돌려줘야 할 판국이었다. 정부의 부동산 정책으로 돈맥경화란 말이 돌면서 사는 사람도 없고 팔 수도 없어서 새 아파트가 분양되는 지역엔 전세금을 내려야 하는 상황이었다. 벌써 전세 세입자를 찾지 못해서 경매로 넘어간 물건도 있다는 소식이었다.

그때 묵상은 마가복음이었다. 세입자는 신용보증보험을 들어 놓은 터라 문제가 없었지만 내 아파트는 경매로 넘어가게 되는 시나리오였다. 그렇게 말씀을 외치고 주님께서 살아 계신다고 큰소리 떵떵 쳤는데 두려움이 몰려오고 있었다.

점점 분명해질 것이라는 기도 응답이 있었지만, 한 달 반이나 남은 시간이 정말 고역이었다. 마가복음 묵상을 하루하루 이어 갈 때마다 조금씩 조금씩 믿음이 커지는 것을 느꼈다. 진짜 믿음 테스트 기간이었다. 여전히 나는 믿음이 하나도 없구나! 예수님의 제자들도 그랬다. 수없이 기적을 경험했는데 여전히 예수님이 누구신지 몰랐고 사건이 터질 때마다 벌벌 떨었다. 나도 똑같았다. 그렇게 있을 수 없는 기적을 경험하면서도 또 새로운 사건 앞에 떨고 있었다.

묵상이 계속되면서 내 믿음을 점검하게 되었고, 믿음 없음을 회개했다. 그리고 말씀이 내 주인이라면서도 여전히 또 다른 하나님이신 송도 아파트를 모시고 있었다. 하나님이 전부여야 하는데 무슨 노후 대책이 송도 아파트란 말인가?

부끄럽기 그지없었다. 돈이 이렇게 사람을 고통스럽게 하는 존재라는 것을 나중에 잠언 묵상을 통해 깨달았다. 나는 결단을 내렸다. '팔아 버리자. 팔아서 하나님께 다 드리자. 지금까지 하나님께서 이렇게 함께 하시는데 도대체 왜 아파트를 붙들고 있는 거지?' 끝까지 놓지 못하고 있는 그 아파트를 내려놓았다. 전세로 내놓았던 그 아파트를 매매로 전환하려는데, 그 또한 부동산 규제 정책 탓에 쉽지 않았다.

그런데 1단지 쪽 부동산에만 내놓았다가 2단지 부동산에도 내놓기로 하면서 검색한 '토토부동산'에 전화로 의뢰하자 곧바로 매매자가 있다는 연락이 왔다. 기다렸다는 듯이 말이다. 그렇게 성전이 아닌 49년 전통을 자랑하던 '이동복 가게'는 말씀으로 인해 드디어 '말씀 성전'으로 새롭게 세워지게 되었다. 그 후 예배당 건물을 임대할 수 있어서 잘 사용하고 있다.

진정한 건물주는 사용하는 자이다. 큰 호텔의 소유주라고 해도 하루 이틀 대여해 주었다면 대여하는 동안은 대여자가 소유주라고 생각하자, 세상의 모든 건물이 다 내 것이었다.

나와 비슷한 전통을 자랑하는 가게가 성경에 나온다. 예루살렘 성전 가게 이야기다. 예수님은 민망하게 이곳의 정체를 폭로하셨다. '장사 하는 집', '강도의 소굴'이라고. 성전 안에는 장사꾼들이 앉아 있었다. 성전이 무엇인지 이 본문에서 예수님은 명확히 밝히셨다.

"유대인들이 이르되 이 성전은 사십육 년 동안에 지었거늘 네가 삼일 동안에 일으키겠느냐 하더라 그러나 예수는 성전된 자기 육체를 가리켜 말씀하신 것이라"(요한복음 2:20~21)

예수님께서 말씀하신 곧 성전이란 말은 말씀이 곧 성전이란 뜻이다. 이곳을 내 아버지 집이라고 하셨으니 당연히 말씀이 있는 곳이 아버지 집, 아들이 살고 아들이 머리가 되고 아들로 지어진 집이다. 말씀의 사람이 되는 것이 성전으로 지어져 가는 것이다. 이 성전 청결 사건 바로 전에 가나 혼인 잔치 기적을 보여주신 것은 예수님께서 원하시는 믿음은 말씀 순종이지 금 발라 놓은 멋진 예루살렘의 성전 신앙이 아니라는 것을 말씀하고 싶으셨던 것이다.

가나 혼인 잔치의 첫 번째 기적에서 유대인의 전통 정결 예식인 손 씻는 돌 항아리의 물을 말씀 순종의 포도주로 바꾸시면서 말씀대로 순종하는 것이 곧 주님의 성전임을 알려 주셨다. 그래서 바로 다음에 말씀 없이 신앙을 유지해 오고 있는 예루살렘 성전의 말씀 없는 내면을 꾸짖으신 본문이 예루살렘 청결 사건이다.

말씀이 성전이 아닐 때 반드시 그 자리를 차지하는 신이 있다. 신자이건 불신자이건, 성직자이건, 평신도이건 말씀이 주인이 되지 않을 때 모든 사람의 공통적인 신은 딱 하나다. 바로 맘몬 신이다. 돈을 무슨 수로 이기고 정복할 수 있나? 재정 강의 아무리 들어 봐도 돈을 이길 수 있던가? 돈으로 섬기면 하나님께서 돈을 더 주신다는 사상 자체가 이미 맘몬에 사로잡혀 있다는 뜻이다.

말씀이 아니었다면, 나는 종교를 이용해서 돈을 많이 벌었을 것이다. 감사헌금을 내라고 해서 냈다면 그게 감사헌금인가? 기도해서 질병을 고쳤다고 감사헌금을 요구하면 돈벌이가 아닌가? 다시 재발하면 A/S 해 줄 것인가? 부흥회에서 건축헌금을 부추겨 건축하면 그것이 어떻게 주님의 성전인가? 진짜 성전 건축은 성도들의 내면에 말씀 성전을 짓는 것이다.

예수님 당시에도 제사 제물은 필요했다. 아직 예수님께서 십자가에서 돌아가시고 부활하시기 전이었기에 그때 이스라엘 사람들은 당연하고도 정당한 제사 형식을 유지하고 있었다. 그럼에도 불구하고 주님이 노끈으로 그 제물들을 쫓아내신 것은 한마디로 장사하는 집이요, 강도의 소굴이었기 때문이다. 제물은 우리가 말씀에 정과 욕심이 완전히 십자가에 못 박힌 산 제물이어야 한다.

내 아버지 집으로 장사하는 집을 만들지 말라고 하셨을 때 제자들이 떠올린 성경 구절이 있었다고 요한은 증언하고 있다.

"제자들이 성경 말씀에 주의 전을 사모하는 열심이 나를 삼키리라 한 것을 기억하더라"(요한복음 2:17)

'주의 전'이란 예루살렘 성전이고 '나'란 참 성전인 말씀이신 예수님을 말함이다. 오늘날 이런 형태의 신앙이 참 많다. 진짜 성전은 말씀인데 말씀이 주인이 안 되면 주의 전을 사모하는 열심 때문에 정작 말씀을 삼켜 버리는 일들이 일어난다. 하루살이는 걸러 내고 약대는 그대로 삼켜 버리는 꼴이다.

한번 말이 되나 보자! 예배는 하나님이시다. 봉사는 하나님이시다. 절대 기도는 하나님이시다. 찬양은 하나님이시다. 성전 건축은 하나님이시다. 전도는 하나님이시다. 선교는 하나님이시다. 말이 되는가? 그런데 말씀은 늘 찬조 출연이고 이런 거룩한 용어들이 성전을 이루고 있는 기둥들이 아닌가? 이런 형태의 신앙이 주의 전을 사모하는 열심이 예수님을 삼켜 버린다는 뜻이다.

예배가 하나님 됐는데 어떻게 성도들이 말씀에 집중하겠으며, 예배로 정말 우리의 죄를 끊을 수 있는가? 예배로 정말 죽은 사람 살릴 수 있는가? 날마다 죄를 짓고 사는데 그런 사람들이 모인 예배를 하나님께서 받으시겠는가? 의인의 기도가 힘이 있어 주께서 들으시는 것 아닌가?

그러면 이렇게 말해 보자! '말씀은 하나님이시다.' 전혀 이상하지 않다. 그럼, 말씀인 하나님을 섬기는가? 교회 성도들이 말씀을 섬기는지 말씀을 아는 데 그치는지 질문하면 안다.

매일 성도들이 묵상하고 있는지, 그로 인해 주님이 얼마나 깊어졌는지, 그로 인해 거룩은 어느 정도인지 정말 음란을 이기고 돈을 이겼는지, 교회는 사랑으로 하나가 됐는지, 정말 낮아졌는지, 말씀에 복종하는 지도자를 알아보는 눈이 있는지, 예수님을 아는지 모르는지 알 수 있다.

'나이 알려면 민증을 보고 목사를 알려면 그 교회 성도를 보라.' 내가 우스갯소리처럼 자주 쓰는 말이다. 그렇지 않은가?

당시 대제사장들과 바리새인들은 정말 구약 성경을 얼마나 알고 있었을까? 요한복음 제자훈련을 하면서 예수님께서 계속 지적했던 것이 이들은 구약 성경보다는 전통과 장로 자신들이 만들어 놓은 '하라', '하지 말라'를 지키기에 바빴다. '만들어진 장로들의 전통'의 전문가들이었지 구약 성경을 잘 몰랐던 사람들이다. 고침 받을까 봐 예수님께 오지 않는 사람들이었으니 마음의 청결보다 육체로 할 수 있는 일들을 신앙으로 대체해 놓은 자들이었다. 그 속은 예수님의 지적대로 회칠한 무덤 자체였다. 아무리 열심히 예배를 드리고 찬양을 하고 봉사와 전도를 해도 말씀 없이는 회칠한 무덤일 수밖에 없다.

이 책을 쓰면서 나는 아주 큰 장사를 벌였다. 말씀 장사다. 이것도 주님께서 감동을 주셔서 이루어진 일이다. 세상에서 품위 떨어지지 않게 하시려고 목회학 박사 학위도 받게 하셨다. 미국 신학교이며, 나의 모교인 총신대학교 신학대학원 실천신학 교수님들이 나온 학교였다. 이 책의 원고가 South Western Baptist Theological Seminary, D.Min(목회학 박사학위) 논문이기도 하다.

나는 7년 동안 가르쳐 주신 말씀으로 전국에 말씀 대리점을 열게 되기를 기대했다. 실제로 큰 거룩한 말씀 장사판이 벌어졌다. 하나님께서 기다리고 기다리셨던 큰 말씀 장사였다. 성경이 칭찬하는 달란트 장사다. 지금도 우리 교회 소문을 듣고 목사님들이 교회 탐방을 오신다. 그리고 목회자 파워하우스에도 더 많은 목회자가 찾아오길 기대하고 있다.

이유는 딱 하나다. 나 같이 주저앉은 인생, 죽어 있는 인생도 말씀 묵상으로 이렇게 새롭게 새 출발 하게 하신 이유는 누구든지 나처럼 될 수 있다는 것을 널리 알리기 위함이다. 그리고 잡아먹히라고 하셨다. 작아져서 큰 물고기들의 밥이 되라고 하셨다. 전도사 때 내 기도가 다시 생각났다. '난 목사님들 섬기는 목사가 되고 싶어요!' 그 기도를 주께서 기억하고 계신가 보다.

4. 같은 단어, 전혀 다른 의미

아파트 교회에 없는 것이 한 가지가 더 있다. 지금까지 '총동원 전도 축제'를 한 적이 없다. 성도 수를 급작스럽게 부흥시키려면 이 만한 방법도 없다. 사실 말씀을 잘 몰랐을 때 나의 최대 관심사는 전도였다.

신학생 때 어떻게 하면 하나님을 기쁘시게 할 수 있을까? 하나님은 무엇을 가장 기뻐하실까? 생각했을 때 복음을 전하는 것이고 죽어 있는 한 영혼 살려 내는 것을 가장 기뻐하신다는 확신을 가지고 지금까지 '전도, 전도'를 외치며 살아왔다. 그러니 이렇게 전도 축제를 하지 않는 것은 있을 수 없는 일이었다.

하지만 전도 축제를 하지 않는 이유는 진짜 전도를 하기 위함이었다. 예수님께서 가르치신 전도는 오늘날 우리가 하는 형태의 전도가 아니었기 때문이다. 지금까지 내가 알았던 단어와 성경 속 말씀의 의미가 일치하지 않았다. 그동안 알고 있던 예배는 성경에서 말하는 예배가 아니었고, 내가 알고 있었던 전도는 전도가 아니었다.

예배가 예배 되기 위해선 예배자가 되어야 하고, 그 예배자는 말씀에 순종하여 자기 몸을 산 제물로 드리는 사람이다. 이것이 말씀의 예배라고 했다. 마찬가지로 전도는 복음을 전해 많은 사람을 교회 안으로 들어오게 인도한 후 다음에 가르침을 행하는 것이 전도였다.

예배당으로 인도했으면 본격적으로 예수님이 누구신지 말씀을 가르쳐서 전도해야 한다. 예수님을 바르게 정확하게 믿게 하는 것이 전도다. 그러니 전도는 교회 밖뿐만 아니라 교회 안에서 더욱 활발하게 이루어져야 한다. 그 전도 대상은 당연히 불신자에서 신자로 이어져야 하고, 이미 전도 당해 예수님을 만나는 사람은 지도자이어야 한다. 그 지도자는 죽을 때까지 예수님께 계속 전도 당해야 한다.

예수님은 처음 예수님의 제자들을 불러서 함께 있게 하시고, 이들을 먼저 3년 반이나 전도하신 후에 비로소 땅끝까지 이르러 함께 있으면서 보고 듣고 만진 바를 그대로 증인이 되어 또 똑같은 제자를 만들어 내라고 하셨다. 이것이 전도다. 그래서 마가복음에는 이렇게 제자들을 부르셔서 하신 일의 순서가 기록되어 있다.

"또 산에 오르사 자기가 원하는 자들을 부르시니 나아온지라 이에 열둘을 세우셨으니 이는 자기와 함께 있게 하시고 또 보내사 전도도 하며 귀신을 내쫓는 권능도 가지게 하려 하심이러라"(마가복음 3:13~15)

먼저 자기가 원하는 자들을 부르셨고 예수님과 함께 있어야 했다. 전도는 그 후에 이루어진다. 이때 제자들은 예수님 옆에서 예수님이 누구신지

지, 정, 의로 다 체험하면서 예수님을 정확히 알고 자신의 하나님으로 믿게 됐다. 요한일서에서 요한은 어떻게 함께 했는지 밝히고 있다.

"태초부터 있는 생명의 말씀에 관하여는 우리가 들은 바요 눈으로 본 바요 자세히 보고 우리의 손으로 만진 바라"(요한일서 1:1)

그러고 난 다음 전도가 나온다. 그러면 무엇을 전도했을까? 당연히 자신들이 귀로 듣고, 눈으로 보고, 손으로 만져 보았던 태초부터 계신 말씀이신 예수 그리스도를 전했다는 뜻이다. 오늘날도 이렇게 주님과 함께 거하면서 주님께 듣고, 만져 보고, 눈으로 볼 수 있다. 성경을 보면 된다. 성경 속에서 예수님께서 실재하신다는 것을 직접 삶으로 온몸으로 온 시각으로 체험할 수 있다. 성령님은 진리의 영이다. 우리를 진리께로 인도하시기에 가능하다.

성경에 머물러 있는 사람은 예수님과 함께 있는 사람이고, 그런 사람은 말씀의 실재를 경험하여 예수님을 아주 잘 아는 사람이고, 그 말씀에 순종하는 사람이니, 이런 사람들이 전도할 수 있는 사람이란 뜻이다. 자신도 못 믿는 예수님을 남보고 믿으라고 할 수는 없다.

박사 학위 논문을 쓰면서 제자훈련에 관한 책들을 연구했다. 당연히 제자훈련 하면 (故)옥한흠 목사님의 제자훈련을 빼놓을 수 없었다. 목사님의 한 영혼에 대한 사랑은 성경에서 말하는 하나님의 마음 그 자체라고 믿고 배우고 따라가고 싶다.

그런데 목사님의 책을 읽고 또 목사님에 대한 역사신학자 교수님의 평가에 관한 책을 읽으면서 이상한 점을 발견했다. 우리가 알고 있듯이 목사님은 한 영혼에 대한 사랑이 목회 전부이며 핵심 가치였다. 그런데 한 영혼을 바르게 세우기 위해 그렇게 몸부림치면서 제자훈련을 하시다가 갑자기 영적 대각성 집회를 시작하셨다.

이 부분이 이해할 수 없었다. 한 영혼을 세우는 것이 목사님 평생의 목회 가치였는데 왜 대각성 전도 집회를 하셨을까? 2019년 사랑의교회 주일 출석 인원이 3만 5천명이라고 했는데 제자훈련이 물리적으로 가능하긴 한가?

목사님께서는 이 같은 대형 교회가 되는 것을 원치 않았다고 자주 말씀하시는 영상을 보았다. 그리고 개척 교회 목사님과 대화를 나누면서 부럽다고 하셨다. 목사님도 분명 후회하고 있음을 느낄 수 있었다. 많이 모이는 것에 대해 적극적으로 찬성한다. 그런데 예수님께서 직접 사역을 하셨는데도 제자는 열두 명 밖에 없었고, 게다가 한 명은 가짜였다. 예수님께서 내 살과 피를 먹으라고 했을 때 그동안 쫓아다녔던 무리들과 제자들마저 더 이상 예수님을 따르지 않았다. 오히려 3년 반이나 예수님께 직접 훈련받아 예수님이 누구신지 아는 제자들을 온전케 만들어 놓고 난 다음에야 그 제자들을 통해 교인 수는 급격히 늘어 갔다.

그렇게 늘었는데도 초대 교회는 정말로 아름다운 소문이 났고 유무상통하는 바람에 가난한 자들이 없다고 했다. 그러고 나서 혹독한 핍박으로 전 세계로 다시 흩으셨다. 야고보 사도가 밝혔듯이, 예루살렘의 교회에는 흩어지지 않고 남아 있던 성도가 수만 명이었으나 여전히 유대식 율법을 지켜 행하는 자들이었다.

예수님의 제자인 야고보가 사역하던 곳인데도 그러했다. 바울이 예루살렘에 들어왔을 때 유대식으로 믿는 자들 때문에 어쩔 수 없이 야고보의 권면을 받아들여 바울도 유대인의 결례를 행하고 머리를 깎고 제사 드릴 때까지 결례 기간이 만기 된 것을 신고할 수밖에 없는 일이 있었다. '결례', '머리 깎고', '제사' 어떻게 이것이 바르게 된 복음일까? 그런데 이것이 어쩔 수 없이 수만 명이 모이는 예루살렘 교회의 모습이었다.

"그들이 듣고 하나님께 영광을 돌리고 바울더러 이르되 형제여 그대도 보는 바에 유대인 중에 믿는 자 수만 명이 있으니 다 율법에 열성을 가진 자라"(사도행전 21:20)

"우리가 말하는 이대로 하라 서원한 네 사람이 우리에게 있으니 그들을 데리고 함께 결례를 행하고 그들을 위하여 비용을 내어 머리를 깎게 하라 그러면 모든 사람이 그대에 대하여 들은 것이 사실이 아니고 그대도 율법을 지켜 행하는 줄로 알 것이라"(사도행전 21:23~24)

"바울이 이 사람들을 데리고 이튿날 그들과 함께 결례를 행하고 성전에 들어가서 각 사람을 위하여 제사 드릴 때까지의 결례 기간이 만기된 것을 신고하니라"(사도행전 21:26)

여전히 예루살렘 교회는 전도가 필요한 곳이었다. 유대교는 복음이 아니다. 베드로는 이방인과 식사하는 자리를 피했다가 바울에게 대면하여 혼이 난 적이 있었고, 베드로조차 기도 중에 환상을 보여주시며, 부정한

곤충들을 먹으라는 주의 명령에 여전히 부정한 것은 먹지 않겠다고 유대인의 신앙을 버리지 못하고 있었다. 우리는 모두 온전한 기독교로 계속 훈련받아야 함을 알 수 있다. 그래서 바울은 '각 사람'을 온전한 자로 세우려 함이 목회라고 했던 것이다.

그래서 예수님은 애초에 전도하실 때 아주 정확하게 말씀을 가르치길 원하셨다. 그래서 사람의 수가 목적이 아니었다. 베드로 장모의 열병을 고치신 후에 그 동네에 수많은 사람이 다 모이자 예수님은 많은 병자를 고치고 많은 귀신을 내쫓으셨다.

그 다음날에도 새벽에 기도하는데 제자들로부터 많은 사람이 예수님을 찾는다는 것을 들으시고 다른 가까운 마을로 가 거기서도 전도하겠다며 옮겨 가셨다. 예수님의 목적은 사람을 더 많이 모으는 것도 아니고, 병을 고치는 것도 아니었다. 예수님이 유대인들이 그렇게 기다리던 메시아임을 넘어 우리 죄를 사하시고 우리를 영생으로 인도하실 수 있는 유일한 생명이요 길이요 영생이라는 것을 분명히 알리고 싶어 하셨다. 그것이 곧 전도다.

전도하실 때 예수님이나 제자들이나 바울은 주로 회당을 찾았다. 회당엔 서기관이 말씀을 가르치고 있었고, 꼭 귀신들린 사람이나 고칠 수 없는 질병을 앓는 자들이 있었다. 모두 예수님이 필요한 곳이다. 회당은 예배당이 되어야 했고, 서기관은 제자가 되어야 했고 귀신들린 성도는 예수님을 만나 결박에서 풀려난 막달라 마리아 같은 성도가 되어야 했다.

그래서 예수님이 들어가셔서 예수님을 가르치시고 예수님을 믿게 하는 것이 목적이었다. 또한 노골적으로 "네 죄 사함을 받았느니라"(마가복음

2:5) 하며 자신의 정체를 정확히 밝히셨다.

또 하나의 좋은 예가 있다. 나병 환자를 고치셨을 때 고쳐 주신 후에 아무한테도 말하지 말라고 신신당부하시며 제사장에게 가서 몸을 보이고 "입증하라"라고 하셨다. '입증'이란 원어는 'μαρτύριον(3142, 마르튀리온)'으로 증거(testimony)라는 뜻이다. 증인이라는 뜻의 '마르튀스(μάρτυς, 3144)'라는 말에서 유래되었다.

예수님은 제사장들에게 확실히 알려지길 원하셨다. 참 대제사장이요 우리를 속량해 주실 구원자 예수 그리스도가 오심을 의도적으로 알리고 계셨다는 것을 알 수 있다. 그런데 이 나병 환자가 나가서 이 일을 많이 전파하는 바람에 오히려 예수님은 예수님이 그리스도이심을 알리는 데 방해를 받으셨다.

유대인들은 대부분 예수님의 기적을 보면서 하나님께로 온 선지자인 줄 알고 믿었기 때문이다. 또한 그들은 표적을 구하는 것이 신앙이었기에 이렇게 찾아오는 자들에게 예수님이 누구신지 정확히 가르쳐 주는 것은 불가능했다. 그러므로 예수께서 다시는 동네에 들어가지 못하고 오직 바깥 한적한 곳에 계셨다(마가복음 1:45). 이렇게 전도는 많은 사람에게 전해서 많은 사람을 모으는 것이 목적이 아니라는 것을 예수님의 전도 방법을 보면 알 수 있다.

정확히 예수님을 모르는 상태에서 수없이 많은 사람이 모여서 공동체를 이룬다면 신앙이 전혀 다른 모습으로 나타나고 다양한 기독교 문화는 형성될 수 있으나 예수님을 정확하게 배울 수 없다. 결국 예수님을 닮지 않는 사람들이 많아질수록 우리 자신이 전도의 걸림돌이 되고 만다. 결국 지금 타락한 기독교의 모습 때문에 세상이 교회를 걱정하는 이상한 현상이 일어나고 있다.

기도도 마찬가지다. 우리의 기도가 기복이 되지 않으려면 말씀 안에 있어야 제대로 된 기도를 올릴 수 있다. 예수님을 잘 모르는 상태에서 드려지는 기도 내용은 기복일 수밖에 없다. 예수님께서 세 명의 제자만 데리고 변화 산에 올라가 변형되셔서 자신의 정체를 명백히 밝혀 주셨다. 엘리야도 모세도 내려와 예수님과 대화했다.

베드로는 이 모습을 보면서 예수님이 누구인지 몰랐다. 산에서 내려와 보니 제자들과 서기관들이 큰 무리에 둘러싸여 변론하고 있었다. 제자들에게 무엇을 변론하느냐고 물으셨는데 무리 중에 말 못하게 귀신들린 아들을 데리고 온 한 사람이 제자들에게 쫓아 달라고 했는데 능히 하지 못했다고 변론이 생긴 이유를 설명했다.

이때 예수님이 하신 말씀이 기도가 무엇인지 밝혀 주고 있다.

"대답하여 이르시되 믿음이 없는 세대여 내가 얼마나 너희와 함께 있으며 얼마나 너희에게 참으리요"(마가복음 9:19a)

그리고 귀신들린 아이를 데리고 온 아비에게 할 수 있거든이 무슨 말이냐 믿는 자에게는 능히 하지 못할 일이 없느니라 하시면서 제자들에게 "기도 외에 다른 것으로는 이런 종류가 나갈 수 없느니라" 하시며 이 원인이 기도라고 밝히셨다.

이 모든 것을 종합해 볼 때 믿음이 없음을 책망할 때 얼마나 너희와 함께 있어야 하냐고 하신 것으로 보아서 믿음은 예수님과 함께할 때 생기는 것임을 알 수 있다. 그리고 함께 있었음에도 알지 못하고 믿지 못하니 얼마나 더 참으리요 라고 하신 것이다.

이 본문에서 알 수 있듯이 전도는 예수님과 함께하며 예수님을 아는 것이고 기도는 예수님과 함께 교제하여 날마다 믿음이 생겨 닮아 가는 것이다. 그래서 기도한 자가 기도할 수 있다. 겨자씨도 마찬가지다. 크기를 말함이 아닌 정확히 알아 완전한 말씀의 통치와 다스림이 된 하나님 나라를 말씀하심이다.

아시아인들은 그 생김새가 서로 비슷하다. 몽골인, 일본인, 중국인, 한국인에게 같은 옷을 입혀 놓고 누가 한국인이냐고 찾아보라고 하면 겉모습만 보고 과연 얼마나 정확히 찾아낼 수 있을까? 그런데 쉽게 찾아내는 방법이 있다. 말을 해 보라고 하는 것이다. '안녕하세요?' 한마디만 해도 누가 한국인인지 알 수 있다. 마찬가지로 단어는 다 같이 쓴다. 그런데 어떤 이에게 그 의미가 전혀 다를 수 있다. 그래서 단어가 같아도 신앙이 같은 것은 아니다. 기도란 말씀으로 말씀을 깨닫고 말씀으로 나를 깨달아 기도로 말씀을 새기고 말씀 순종으로 기도한다. 이것이 아파트 교회의 바람이다.

5 / 그리스도께 편지 받기

아파트 교회에서 제자훈련 교재를 만들어 2년 동안 제자훈련을 했다. 먼저 성도들을 상대로 가르치고 나니 자연스럽게 목회자 반이 만들어졌다. 아파트 교회에서는 제자훈련이라 하지 않고 '파워하우스(Power House)'란 이름을 붙였다.

파워하우스는 영어로 '발전소, 강력한 그룹, 최강팀, 유력한 자, 매우 건장한 사람'이란 뜻을 가지고 있다. 계속 말씀을 올리니까 지인 목사님이 붙여 준 별명을 그대로 쓴 이름이다. 목회자 반은 목회자 파워하우스로 불렀다. 목회자들이 한두 명 모이기 시작하더니 교단별로 모이는 초교파 모임이 됐다.

모두 말씀이 중매쟁이가 되어 목회자 부부가 함께 모이는 시간이었다. 어쩌면 나 같은 나중 된 자들만 모이는지, 그럴수록 겸손히 말씀에 눈뜨기 쉬웠다. 사모가 먼저 알고 부부가 함께 제자의 길로 입문하기도 했다. 그 밖에 문제가 해결되고 제자리로 돌아가신 분도 있고, 어떤 분은 끝까지 가지 못하고 중도에 포기하기도 했다.

멀리 경상도에 있는 목사님 부부는 사모님이 먼저 이곳을 알고 남편을 데리고 오며 남편 목사님에 대해 상담을 요청하셨다. 시골 교회 목회를 하고 있는데 목사님이 말씀과 기도에 전념하는 것이 아니라 늘상 약초를 캐러 다니신다고 했다. 목사님이 사모님의 근심인 경우였다.

청라에 오셔서 말씀 이야기를 나누었다. 이 목사님은 성령의 검을 가진 분인데 자신의 모습을 모르고 약초를 캐러 다니셨다. 매주 월요일마다 경상도에서 말씀을 배우러 오셨고, 지금은 부부가 매일 말씀을 묵상하는 모습으로 바뀌었으며, 말씀의 권능이 생기셨다. 사모님은 10년이 넘도록 독거노인들 반찬을 만들어 주느라 손에 습진이 심했는데, 그 손에 신유 은사가 있는 줄 모르셨다. 평상시 사모님이 기도해 드리면 어르신들이 나았다는 소리를 하셨지만 그 이유를 몰랐다.

또 다른 목사님 가정과의 만남도 특별했다. 시무하는 교회에 강사로 집회를 마치고 왔는데 전화벨이 울렸다. 상담을 받고 싶다는 것이었다. 목사님의 상황을 들어 보니 사모님의 의부증으로 3년 동안 힘든 시간을 보내고 있었다. 어린 막내딸은 자다가 일어나 잠결에 거실을 돌아다니기도 했다. 말씀을 소개하자 두 부부가 함께 묵상했고 목회자 파워하우스에서 말씀을 배우면서 문제들이 잡혀 갔다. 지금은 의부증이 없어졌고, 딸도 그런 일이 일어나지 않았다. 말씀 본 지 3년이 지났는데 말씀에 대해 계속 놀라고 계신다. 이제 담임 사역을 나가려고 준비 중이다.

또 한 가정은 젊은 목사님이다. 부목사 때 십자가 캠프에 아이들을 데리고 오셨다가 페북 친구를 맺은 분이다. 몇 년 후 내가 말씀을 보기 시작하면서 페북에 올린 묵상 글을 보고 파워하우스에 배우러 오셨다. 하라는 대로 말씀 묵상하는 분이다. 지금도 어김없이 묵상 글을 매일 페북에 올린다. 그렇게 열심히 묵상으로 준비하시더니, 서울의 작은 교회 담임이 되셨고 제자훈련을 하면서 성도들 모두 『아침밥 묵상』으로 묵상하게 되었다.

목회자 한 분이 말씀에 눈뜨니 성도 전체에 영향을 미친 사례이다. 성도들을 다 데리고 매년 두 번씩 여는 '아침밥 묵상 컨퍼런스'에 오시고 또 십자가 캠프에 참여하여 복음의 터를 닦으셨다. 그러고 난 후에 성도들이 더욱더 말씀에 눈을 뜨기 시작했다. 최근에 부흥회를 인도하러 가서 장로님의 간증을 들었다. 늘 재정의 염려가 있었는데, 목사님이 담임으로 오시면서 염려가 사라졌다고 하신다.

처음에 요한복음을 5강까지 공부했을 때 목사님들이 솔직하게 고백하였다. 자신들이 말씀을 사랑하지 않았고, 설교 준비를 위해 말씀 생활을 했다는 것이다. 그렇게 제자훈련이 무르익어 갈 즈음 나부터 회개하게 되었다. 목회자들은 그동안 말씀을 사랑하지 않은 것, 말씀을 바르게 해석해서 잘 가르치지 못한 것을 회개했다. 말씀을 아는 줄 알았는데 몰랐고, 매일 말씀 보는 줄 알았는데 지식적인 설교 준비였을 뿐이라고 회개했다.

이 한마디의 회개는 그렇게 쉽게 이루어지지 않았다. 어떤 목회자가 자신이 가르친 말씀이 잘못됐다고 하겠으며 말씀을 사랑하지 못했다고 회개하겠는가? 말씀이 없는 내 모습을 깨닫고, 말씀을 깨달으면서 내 주변과 한국 교회 사역자들이 보이고, 우리의 신앙이 너무나 두리뭉실하고 지식적인 말씀을 가지고 모래성 같은 목회를 하고 있었다는 것을 알게 된다.

이 문제는 간단해 보였다. 정말 말씀 사랑하는 목사님 100명만 있다면 금세 한국 교회는 다시 말씀으로 돌아가는 새로운 부흥이 찾아올 것이다. 그래서 한국 교회와 사역자들을 위해 기도한 적이 있다. '아버지 말씀 사랑하시는 목사님들 100명만 세워 주세요.'

그러나 내게 주시는 감동은 전혀 뜻밖이었다. '말씀을 바르게 가르치지 않은 것부터 회개하고 먼저 자신이 말씀을 사랑하지 않는 것부터 회개해야 하지 않겠느냐?' 그때 요한복음 말씀을 가르치면서 성경을 연구하더라도 예수님을 모른다는 것을 확인할 수 있었다. 예수님을 사랑하려는 것이 아니라 오직 사역을 하려고 한다. 교회 부흥이 먼저이지 예수님을 사랑하려고 하지 않는다. 입으로 하나님께 영광을 돌려드린다고 하면서 사람의 영광을 위해 열심을 낸다. 성경에 없는 프로그램과 세미나를 만들어 사역을 사랑한다. 예수님 당시에도 마찬가지였다.

"너희가 성경에서 영생을 얻는 줄 생각하고 성경을 연구하거니와 이 성경이 곧 내게 대하여 증언하는 것이니라 그러나 너희가 영생을 얻기 위하여 내게 오기를 원하지 아니하는도다 나는 사람에게서 영광을 취하지 아니하노라 다만 하나님을 사랑하는 것이 너희 속에 없음을 알았노라"(요한복음 5:39~42)

결국 말씀을 사랑하지 않는다면 하나님을 사랑하지 않는다는 말이다. 열심히 교회를 사랑하고 사역을 사랑하면서, 전도를 사랑하고 찬양을 사랑할 수도 있다. 그러나 그것이 예수님을 사랑하는 것은 아니다.

예수님을 사랑해야 예수님에게서 편지가 도착한다. 예수님의 편지가 도착하는 것은 예수님과 함께 교제가 시작됐다는 뜻이다. 그러니 예수님과 나 사이에 왕래가 된다는 것은 위대한 하나님의 일이 시작됐다는 것이고, 비로소 제자훈련이 시작되었다는 의미이다.

회개할 수 있는 사람은 진리를 깨달은 사람이다. 진리는 신기하다. 안다고 생각했을 때는 오히려 진리에서 멀리 있고, 진리를 모르겠다고 고백할 때가 비로소 진리에 발을 들여놓았을 때다. 눈은 뜨고 있는데 볼 수 없는 뜬 눈 맹인이 있고, 눈은 뜨고 있는데 볼 수 없는 눈뜬 맹인이 있다. 우리는 뜬 눈 맹인인가, 아니면 눈뜬 맹인인가?

● 103동 204호 아파트 교회

| PART 5 말씀대로 |

예수께 길을 묻겠습니다

오직 여호와의 율법을 즐거워하여
그의 율법을 주야로 묵상하는도다

(시편 1:2)

1/ 게바를 위한 After service
: 갈라디아서 2:11-21

　베드로의 본명은 시몬이다. 베드로라고 불린 것은 아람어 이름 '게바' 때문이다. 게바의 헬라식 발음이 베드로이고, '반석'이란 뜻이다. 아람어가 성경에 자주 등장하는 것은 이스라엘인들이 바벨론 침공을 당해 포로로 잡혀간 후, 그들의 언어인 히브리어가 사라지고 아람어가 일상 용어가 되었기 때문이다.

　제2 성전 시대에는 아람어가 구어가 되어 에스라서와 다니엘서가 아람어로 쓰여졌다. 유대인들에게 아주 중요한 위치를 차지하는 『탈무드』, 『미드라시(Midrash)』와 『미시나(Mishnah)』도 아람어로 기록되었다.

　본문에서 바울이 베드로를 아람어 게바로 부른다. 게바를 책망할 일이 있기로 대면하여 책망했다고 한다. 베드로가 책망받은 이유는 안디옥에서 이방인과 같이 식탁 교제를 나누다가 야고보(예수님의 동생)에게서 어떤 이들이 오는 것을 알고 할례자들이 두려워 식탁 교제를 폐하고 물러나는 외식을 보였기 때문이다. 이로 인해 함께 있던 유대인들과 바나바까지 그의 외식에 유혹되었던 적이 있었다.

　그의 이름 아람어 게바가 유난히 눈에 띈다. 이방인들은 개보다 못한 취급을 하면서 자신들이 쓰는 언어는 이방인들이 다 같이 쓰는 국제적인

● 103동 204호 아파트 교회

공용어 아람어였다. 그때 당시에 로마의 이방인들이 팔레스타인을 식민지로 만들고 지배하며 본토를 밟고 다녔으니 말 다 했다. 그러면서 사마리아는 이방인 피가 섞인 곳이라고 밟지 않았다.

이것이 유대교 전통의 한계다. 야고보에게서 온 사람들을 의식해 두려워서 피한 이유는 야고보는 아직도 이방인들에게 율법을 지킬 것과 이방인과의 식탁 교제를 금지했던 예루살렘 교회의 수장이었기에 그렇다.

이런 게바의 외식을 바울이 그냥 넘어가지 않고 모든 사람 앞에서 베드로를 책망했다. 유대인이 이방인이 되어 유대인답게 살지 않으면서 이방인에게는 억지로 유대인으로 살게 하느냐는 것이다. 게바가 이방인들과 함께 사는 것은 사실 본심은 유대인으로 살면서 겉은 복음 중심적인 사람으로 외식하는 '척하며 살았다는 것'이 들통난 현장이었다.

이런 복음을 믿고 있었던 것이 예수님 제자들의 수장인 베드로의 모습이었다. 순전한 복음이라고 말하기가 부끄럽기 그지없다. 그래서 바울은 "사람이 의롭게 되는 것은 율법의 행위로 말미암음이 아니요(16절)"라며 다시 강변하고 있다. 복음을 전하고 다니면서도 여전히 율법의 행위가 있어야 할 것 같은 상태가 베드로의 상태였다.

그리스도를 믿음으로 의롭게 된다는 것이 무슨 뜻인지 바울은 갈라디아 성도들에게 다시 주지시키고 있다. '율법은 저주다. 율법 아래 사는 자들은 저주로 다 죽는다. 그런데 예수님이 대신 그 율법의 저주 아래 들어가셔서 나 대신 죽어 주셨다. 따라서 나는 율법에 대해서는 죽었고 하나님에 대해서는 산 자가 되었다.'

이 예수님을 알고 믿음으로 옛사람이, 정과 욕심이 십자가에 못 박혀

죽고 이제는 아예 예수님이 내 안에 대신 들어와 사시므로 내가 사는 것은 그 예수님을 믿는 믿음 안에서 내 안에서 예수님께서 사는 것이기 때문이다. 이것을 하나님은 의롭게 보시는 것이다. 이것은 실제적으로 그렇게 될 수 있다는 뜻이지 우리의 관념 속에만 있는 삶이 아니라는 것을 명심해야 한다.

그래서 어떻게 율법의 저주 아래로 들어갈 수 있느냐는 것이다. 그러면 그리스도께서 헛되이 죽은 것이 된다는 뜻이다. 사도들만큼은 완벽할 줄 알았는데 유대인으로 하나님을 섬겼던 그 전통이 오히려 하나님을 섬기지 못하게 발목을 잡은 셈이다.

베드로는 할례자의 사도다. 바울은 무할례자들의 사도였다. 이것을 주님께서 미리 아셔서 아예 처음 부르실 때 이름을 이방인 언어인 아람어 게바로 지어 주신 게 아닐까? 유대인 사역을 하려면 이방인 언어로 된 이름을 가지고 유대교를 가차 없이 버리라는 주님의 뜻이 숨겨져 있는 것만 같다.

반면 바울은 그리스도인들을 핍박하고 잡아 죽였던 유대인 중의 유대인이었고 히브리인 중의 히브리인이었으며 율법에 가장 열성이 있었던 자였다. 그런 그가 예수님을 만나므로 그 유대교가 예수님을 핍박하고 죽였다는 사실에 눈이 멀 듯 온 천지가 자기 위로 무너져 내렸을 것이다.

그리고 17년 동안 주의 계시로 담금질이 있었다. 아주 정확한 모퉁잇돌 예수 그리스도가 놓여졌다.

"내가 그리스도를 본받는 자가 된 것 같이 너희는 나를 본받는 자가 되라"(고린도전서 11:1)

주님은 완벽한 분이셨다.

제자들을 가르치시고 그들의 한계를 이미 아셨다. 그래서 자신을 온전히 본받은 자(Imitator)로 만드셨다. 지금 게바를 책망하면서 제자들을 계속 AS하고 계신다. 그리고 바울 안에 들어가셔서 전 세계에 아주 온전하고 완전한 주의 말씀을 성경으로 기록하고 계셨다.

예수님께 직접 배운 제자들조차 이렇게 복음이 흐려질 수 있다는 것에 놀라야 한다. 그렇다면 오늘날 우리 한국 교회의 기독교 신앙의 순전성은 어떨까? 성경은 베스트셀러이고, 신학교도 많고 유명한 목사도 많지만 정말 이렇게 말씀을 정확하게 해석해 줄 수 있는 Imitator가 존재하는가? 게바를 모든 사람 앞에서 책망할 수 있는 그 한 사람 어디 없을까? 이 한국 교회에 그 한 사람을 보내 주시기를 간절히 기도한다.

2. 손 탄 사람과 주가 탄 사람
: 갈라디아서 1:11-24

다른 복음과 바른 복음의 차이점은 분명하다. 사람의 머리에서 나왔으면 다른 복음이고 그리스도에게서 나왔으면 바른 복음이다. 그래서 바른 복음의 필수 조건은 그리스도의 계시가 있어야 한다. 계시란 단어가 한국 교회에선 신비주의로 여겨진다. 직통 계시 이단들이 많았기 때문이다.

그러나 원래 계시라는 단어는 굉장히 중요한 신학적 용어다. 타락한 인간이 하나님을 알 수 없으니 하나님이 특별히 자기 자신에 대해서 알려 주신 것을 특별 계시라고 한다. 이 특별 계시가 바로 예수 그리스도시다. 하나님을 알려면 보내 주신 예수 그리스도를 알면 된다. 이 예수 그리스도를 잊어버리지 않도록, 오래도록 보존하고 배울 수 있도록 성경을 기록하셨다. 그러니까 특별 계시는 예수 그리스도시요, 그 그리스도를 알 수 있는 유일한 방법은 성경이다.

성경을 사랑하지 않고, 그 해석을 성령께서 깨닫게 해 주시지 않는다면 예수님을 알 길이 없다. 그러나 오늘날도 아버지와 예수 그리스도는 일하고 계신다. 여전히 자신의 종들을 택하셔서 성령의 일하심으로 성경을 통해 예수님을 계시해 주신다. 예수님이 우리들의 유일한 양식이요, 참된 음료요, 영생하도록 솟는 샘물이 되신다. 그래서 성경이 우리들의 양식이요 영생수가 된다. 하나님은 이 예수님을 바르게 전하도록 그의 종들을 세우셨다.

바울은 전적으로 오직 예수 그리스도의 계시로 이 복음을 알고 믿었다고 고백한다. 예수님께서 자신을 바울 안에서 나타내시기를 기뻐하셨다고 했다. 바른 복음의 가장 기본 조건은 절대로 그 근원이 오직 예수님이어야 하고 다른 인간들의 생각이 조금이라도 섞여선 안 된다.

바울은 이것을 분명하게 알게 하노니(그노리조 : 기노스코인 알다에서 나온 뜻) 내가 전한 복음은 사람의 뜻이나, 사람에게서 받은 것이나, 사람에게서 배운 것이 아니라는 것을 강조하고 있다.

사람 손이 전혀 타지 않은 사역자가 바울이었다는 뜻이다. 심지어는 태어날 때부터 어머니 태로부터 택정하셔서 은혜로 부르셨고 예수께서 자신 안에서 스스로를 나타내시기를 기뻐하셨다고 했다(15~16절). 사람 손 전혀 안 탄 사역자다.

아예 혈육과 의논하지도 않았고, 심지어는 먼저 사도 된 사도들에게 가지도 않았다고 한다. 그러니까 사도 바울이 전하는 복음의 근원은 직통으로 예수 그리스도셨다. 절대로 사람 손이 타지 않았다는 뜻이다. 오직 예수 그리스도께서 가르쳐 주셨다고 강조하고 있다.

복음을 말하기 전에 사역자가 먼저 만들어진다는 것을 알 수 있다. 바른 복음은 먼저 예수님께서 직접 가르쳐 주신 사역자를 통해서 정확하게 전달되게 하셨다. 이것이 성경의 모델이다. 그래서 바울은 오직 예수 그리스도의 복음과 말씀만을 일평생 전했고 모든 사역을 엔 크리스토(주 안에서)로 완수했다.

성경을 사랑하지 않으면 예수께서 자기 자신을 드러내 주실 리가 만무하다. 그래서 예수님에 대한 이야기는 모두 알고 있지만 정작 예수님의 실제를 경험하여 알 수 있는(기노스코) 신앙은 찾아보기 힘들게 되었다. 따라서 사람 머리에서 나온 신앙의 형태가 만들어졌다.

주의 전을 사모하다가 예수님을 삼켜 버리게 되고, 예배를 강조하다가 정작 주인공인 예수님은 없어져 버리는 경우가 허다하다. 영과 진리로 예배드린다는 뜻이 정확히 어떤 뜻인지 해석해 내는 이가 없다. 예수님께 배운 사람이 아니란 뜻이다.

예수님을 믿으면 되지 왜 예수님의 이름을 믿어야 하는지 이해를 못하게 된다. 예수님의 이름으로 기도해도 응답이 없는 이유다. 예수님이 어느 정도인지 모르고, 성경이 어느 정도인지 모르며, 복이 무엇인지 모르니 성경을 옆에 끼고서도 온갖 고생은 다 하며 살고 있다.

유대교를 지나치게 믿어 교회를 박해했던 것과 같이 오늘날에도 사람이 만들어 낸 유대교 같은 기독교로 예수님을 박해하고 있는 꼴이 되고 말았다. 이렇게 예수님이 교회 안에서 가려질 수 있다는 것을 꿈에도 몰랐다. 예수님을 알아야 하나님을 비로소 섬길 수 있는데 발음만 들어 보면 모두 다 하나님 아버지를 섬기자고 한다.

하나님 아버지는 예수님을 보내 주셨는데 우리는 예수님을 필요한 용도로 쓰고 그 이후엔 하나님을 섬기겠다고 열심이다. 정확히 다른 복음이다. 예수님을 모르는데 어떻게 복음을 알 수 있겠는가? 또한 주께서 자신을 드러내 주신 사역자들이 없는데 복음이 인간의 손을 타지 않겠는가? 정말 이 시대는 사람 손이 탄 사역자가 아닌 주를 탄 사역자들이 정말 필요한 때이다.

팬데믹으로 교회에 새로운 소망이 일어나고 있다. 다른 복음 위에 세워진 교회와 지도자들을 무너뜨리시고 주께서 직접 가르쳐 세우신 신실한 주의 종들을 다시 세우려고 하시는 것 같다. 가슴은 아프지만 주 예수께서 다른 복음과의 전쟁에서 승리하시기를 기도한다.

3. 불붙은 떨기나무
: 출애굽기 3:1-6

요즘 내게 이슈는 '여호와의 산에 오르자'이다. 노아의 방주를 왜 산꼭

대기에 만들게 하셨는지 이제야 이해가 됐다. 산 밑은 처참한 심판의 현장이기 때문이다. 시편 24편을 묵상했기에 알게 됐다.

본문은 여호와의 산에 오를 수 있는 자를 설명하고 있다. 첫째, 손이 깨끗하고 둘째, 마음이 청결하고 셋째, 뜻을 허탄한 데에 두지 않고 넷째, 정직한 자이어야 한다. 이렇게 살 수 있는 자는 여호와의 산에 올라 세상이 심판받을 때 구원을 받는다. 이 내용은 신약의 에베소서, 빌립보서, 골로새서에 자세히 설명되어져 있다.

모세가 불붙은 떨기나무를 만난 것도 하나님의 산 호렙이었다. 모세는 양 떼를 몰다가 올랐다. 거룩한 땅은 자기 신을 신고 그렇게 쉽게 오를 수 없는 곳이다. 그러나 이것이 출애굽기의 시작이다.

말씀을 자세히 보니 그동안 듣고 배웠던 것과 사뭇 달랐다. 그냥 떨기나무에 불이 붙은 게 아니라 가운데에 불이 있었다. '가운데'는 '타웨크'로 '중앙, 한가운데'이다. 동산 중앙의 선악과나무와 같은 단어다. '창자, 마음'이란 뜻이다. 하나님은 불꽃이 아니라 불꽃 '안'에서 모세에게 나타나셨다(2절). 떨기나무는 싯딤나무, 조각 목으로 법궤를 만들 때 사용되는 나무다. 가시나무는 볼품없는 가시투성이 우리 인생들을 상징하는 나무다.

여기서 인생이란 여호와의 불을 우리 마음 안에 간직하며 살아가는 존재라는 것을 알 수 있었다. 그런데도 이 떨기나무는 사라지지 않아야 한다. 불을 모시고 있으면서 그 불에 타지 않는 인생이 바로 말씀에 순종하는 자들이다.

이 불을 잘못 섬겨서 죽은 사람들이 광야에 수없이 많았다. 불을 모시고 살면서 그 불이 복이 되는 사람이 있고, 오히려 자신이 삼킴당해 멸망하는 사람이 있다. 모세를 부르는 장면이 출애굽기 전체 메시지를 상징하고 있다는 것을 알았다.

　겉모습이 아닌 우리 마음 한가운데 불을 모시고 살면서 마음으로 그대로 순종하며 걸어가야 할 길이 광야이고 그 순종의 광야는 마침내 우리를 가나안으로 인도한다. 그러나 출애굽은 그렇지 않았다. 마음 한가운데보다는 계속 표적과 이적에 관심이 많았고 눈에 보이는 인생의 편안함인 젖과 꿀이 흐르는 가나안 땅이 주목적인 세대였다.

　마음 한가운데 불은 무시하면서 육의 편안한 고난 탈출이 유일한 이들의 목적이었다. 그래서 출애굽기 1장에 이들을 야곱의 허리에서 난 자들이라고 소개하고 있다. 말씀에 순종해서 나를 죽이기는 싫지만, 복은 원하는 얍복 강에서의 하나님을 이긴 야곱을 닮은 셈이다. 모세의 관심도 기이한 이적이었다.

　3절에 "내가 돌이켜 가서 이 큰 광경을 보리라 어찌하여 타지 아니하는고"라는 표현과 4절에 "그가 보려고"라는 표현이 나온다. 내 마음속 불꽃 안에 계신 분과 큰 광경을 보려고 하는 모세의 모습이 대조를 이루고 있다.

　위대한 모세가 부름을 받는 이 장면은 신학교에서 단골 설교 본문이다. "네 발에서 신을 벗으라"라는 말씀을 그동안 살아왔던 죄와 경험, 너의 인간적인 모든 것을 버려야 한다는 설교로는 많이 들어 봤지만, 그러나 모세는 신발을 벗지 않았고 얼굴을 가린 것은 누구도 설교한 것을 들어 보지 못했다.

　궁금해서 여호수아와 비교해 보았다. 5장 15절에 여호수아도 똑같이 네 발에서 신을 벗으란 명령을 들었는데 여호수아는 그대로 신을 벗는다.

"네 발에서 신을 벗으라 네가 선 곳은 거룩하니라 하니 여호수아가 그대로 행하니라"(여호수아 5:15b)

반면 모세는 얼굴을 가린다.

"모세가 하나님 뵈옵기를 두려워하여 얼굴을 가리매"(6절b)

얼굴은 마음과 같은 의미다. 얼굴을 가린다는 것은 '자기 마음을 가린다'라는 뜻이다. '가리다'라는 뜻은 '사타르'로 '숨기다, 감추다'라는 뜻이다. 출애굽기를 보면서 꼭 명심해야 할 것이 있다. 불은 우리 내부, 마음에 계신다는 것이다.

말씀으로 내 마음을 꺾고 말씀에 순종함이 곧 젖과 꿀이 흐르는 가나안이라는 것을 잊어선 안 된다. 출애굽기는 오직 고난 탈출에 목을 맨, 마음에 할례받지 못한 얼굴 가린 백성들의 괴로운 인생길이다. 여호와의 산에 오르는 것과 내 안에 붙어 있는 불이 연결되어 있다는 것을 알았다. 이 불에 삼킴당하지 말아야 한다. 두려웠다. 그래서 목사는 아무나 하면 안 된다. 교회는 아무나 세우는 것이 아니다. 잘못 목회하면 불에 타 죽는다. 나는 이제 3분의 1 지점에 올라왔다는 것을 알았다. 잠시 숨을 돌리고 있다.

다시 내 마음에 불을 붙여 주셨다. 허탄한 곳에 마음을 두며 살고 싶지 않다. 기필코 이 여호와의 산에 오르고 싶다. 그 정상에 군더더기 없는 예수 그리스도의 마음의 깃발을 꽂고 싶다.

"떨기나무에 불이 붙었으나 그 떨기나무가 사라지지 아니하는지라"(출애굽기 3:2b)

4. 청명한 청옥 같은 지도자
: 출애굽기 24:1-11

본문을 묵상하면서 회개의 눈물을 흘렸다. 1년에 한두 번 이런 현상이 일어나는데 바로 그날인가 보다. 요즘 내 모습이 흔들리고 있었다. 묵상하기 시작해서 7년째 접어드니 지쳤나? 주님과의 관계에 예민하고 팽팽했던 지점이 무뎌지는 것은 아닌가? 작은 신호들이 감지되는 것만 같았다.

주일에는 다니엘서를 강해하면서 느부갓네살 왕이 꿈꾼 큰 신상이 바로 내 모습이라는 것을 깨닫게 하셨다. 머리는 말씀을 알고 마음도 주를 향해 있지만 배와 넓적다리는 정욕과 고집의 원초적 본능이요, 종아리는 내 살인의 힘으로 똘똘 뭉쳐 있는 모습을 보았다.

본문을 통해 모세가 하나님을 어떻게 섬기고 있는지 보여주셨다. 하나님과 가까이 할 수 있는 자는 모세만으로 한정했다. 아무리 제사장이라도 아론, 나답, 아비후와 70인 장로들은 멀리서 경배하라고 하셨다. 백성들은 아예 올라오지도 못하게 하셨다. 가장 가까이서 하나님을 섬기는 사람은 모세였다. 모세가 하나님을 가장 가까이서 섬기면서 받아 오는 것이 있었는데, 모든 말씀과 모든 율례(미쉬파트)였다.

이것이 지도자들의 가장 중요한 정체성이다. 그 다음 모세가 어떻게 했는지 나열되어 있다. 모든 말씀과 율례들을 백성에게 전하고, 말씀을 기록

했다. 그리고 이른 아침 일찍 일어나 산 아래에 제단을 쌓고 열두 지파를 위해 기둥을 세웠다. 청년들(나아르 : 청소년)을 보내서 소로 번제와 화목제를 드리게 하고, 피를 가지고 제단에 뿌리고 언약서를 가져다가 백성에게 낭독했다. 그 피를 다시 백성에게 뿌리고 이 모든 말씀에 대한 언약의 피라는 사실을 마지막으로 선포했다.

이 모든 행위가 오늘날 우리 지도자들이 교회에서 하고 있는 것들이었다. 하나님 가까이 섬겨서 말씀 듣고 백성에게 전하고 백성들이 죽을 수 있는 말씀의 제단을 쌓고, 교회의 목표인 진리의 기둥을 세우는 목회 핵심 가치를 정한다. 그리고 다음 세대들을 말씀에 복종시키는 번제와 화목제를 드리게 하는 것이다. 백성들에게는 하나님의 약속의 말씀인 피로 인증해 주신 예수 그리스도를 지속적으로 선포하면서 예수의 피를 뿌려 깨끗하게 한다. 모세가 행한 일들이 오늘날 목회 그대로를 보여주고 있다.

여기서 지금 내가 못하고 있는 게 보였다. 모세와 다른 지도자들이 하나님을 섬길 때 하나님을 보니 발아래에는 청옥을 편 듯하고 하늘 같이 청명했다고 했다. 청옥은 사파이어이고, 청명은 정결하고 깨끗함을 말한다. 그리고 하나님은 이스라엘의 존귀한 자들(지도자)에게 손을 대지 아니하셨다. 그들이 하나님을 뵙고 먹고 마셨다는 표현으로 보아서 하나님의 발아래에 있는 청명한 청옥이 우리 지도자들을 말씀하시는 것 같았다. 하나님의 발아래서 하나님을 섬기는 청옥 같은 지도자들 말이다.

하나님을 뵙고, 먹고, 마시는 자들이 지도자들이요 이런 자들이 하나님 가까이 섬겨 주의 말씀을 받아 오는 자들이요, 존귀한 자들이요 정결하고 깨끗한 청옥 같은 자들이다. 즉, 지도자란 하나님을 매일 뵙고 먹고 마시며 말씀을 받고 가르치는 그 자신이 청명한 청옥 같은 존귀한 자들이라는 것을 알게 됐다.

그런데 어쩌면 좋을까? 나는 이제 느부갓네살의 큰 신상과 같은 모습을 하고 있으니. 1절의 나답과 아비후처럼 하나님의 불에 의해 죽을 자가 아니겠는가? 마음이 너무 아파 회개의 눈물을 흘렸다. 그리고, 다니엘처럼 10일 뜻을 정해 작은 주상들을 깨뜨릴 작정을 했다. 모세처럼 다시 묵상한 말씀을 다시 기록해야겠다고 마음에 작정했다.

마음은 아프지만 내 수준이 들통 나서 얼마나 다행인지 모른다. 죽을 땐 내 이름 앞에 청옥(靑玉)이란 호(號)라도 달고 죽는 그리스도인이었으면 한다.

5 에덴별곡
: 창세기 1:20-30

언젠가 추수감사절에 헌금 봉투 다섯 개를 준비한 적이 있었다. 봉투마다 10만 원씩 담아서 감사 제목을 적었다. 겨울에 따뜻한 물로 샤워할 수 있다는 것이 너무 감사해서 그것도 봉투를 만들어 드렸던 기억이 있다.

이러한 것이 어린아이 신앙이었다는 것을 말씀 묵상을 통해 깨닫게 된다. 추수감사절에 감사할 것은 그것이 아니다. 한 해 동안 말씀을 가르쳐주셔서 그리스도를 아는 지식이 성장하여 내면이 그리스도를 닮아 더 약해지고 더 작아지고 더 거룩해진 것에 대한 감사여야 한다.

한 해 동안 무엇을 감사하느냐가 곧 내가 생각하는 복의 개념이다. 한

해 동안 풍성한 수확을 감사하면 내가 생각하는 복은 물질적인 풍요라는 말이고, 한 해 동안 말씀을 많이 수확해서 내가 좀 더 약해지고 낮아졌으나 그로 인해 권세와 능력이 더 강해져서 감사했다면 그 사람에게는 말씀 추수가 곧 복이라는 뜻이다.

복은 히브리어로 바라크다. 하나님께 엎드려 경배하고 찬양하고 기도한다는 뜻이다. 이 복을 물질의 풍요로 여기면 기복이 된다. 창세기에는 바다 생물과 공중 나는 새들까지 복을 주셨다(21-22절). 만일 물질이 복이라면 공중 나는 새의 물질의 풍요는 루이새똥 가방일까? 애벌레 창고도 없다.

그런데 어떻게 복인가? 바다 물고기의 풍요는 벤츠가 아니라 새우와 플랑크톤 아닌가? 하나님께서 복을 주실 때 빠지지 않고 나오는 말씀이 있다. "보시기에 좋았더라"이다. 복 전에는 반드시 보시기에 좋았더라가 먼저 나온다. 말씀 하나님께서 '말씀하신 그대로 되었더라'가 보시기에 좋았더라이다.

말씀하시고 보시기에 좋게 그대로 되게 하신 하나님을 경배하고 찬양하는 것이 우리들의 바라크 복이다. 즉 그 보시기에 좋았더라로 말씀 그대로 창조하신 그 위대하신 창조주를 나의 하나님으로 경배하고 찬양하는 것이 인간으로서 최고의 복이다.

이런 복을 받고 나면 자연적으로 따라오는 것이 있다. 생육, 번성, 충만, 정복, 다스림이다. 하나님 형상대로 만들어진 인간이 하나님 보시기에 좋도록 생육하고 번성하여 이 땅을 다스리며 살아야 하는 것이 복 있는 사람이다. 말씀 하나님을 바로 알아 말씀 하나님께서 보시기에 좋았더라 하실 수 있도록 말씀대로 삶을 살아가는 것이 곧 하나님을 경외하는 사람이다. 이 말씀의 순종과 경외를 그래서 바라크 복이라고 한다.

복 있는 사람은 악인의 꾀, 죄인의 길, 오만한 자의 자리에 앉지 아니하고 주야로 말씀을 묵상하는 자다. 그 다음 그가 하는 모든 일의 형통함이 뒤따라 나오게 되는 것이다. 말씀에 복종하여 경외하는 복을 받지 않은 사람들의 생육은 정욕이요, 번성은 거만이요, 충만은 교만이요, 정복은 살인이며 이런 자들의 다스림이 곧 우상 숭배다.

반면 하나님의 형상대로 지음받은 자들의 생육은 자기 부인이고, 번성은 묵상하면서 예수님이 주시는 기쁨이고, 충만은 곧 작아짐이다. 이런 자들이 정복하면 섬김이 되고, 이런 자들의 다스림은 예수님처럼 십자가에서 죽기까지 사랑이다.

추수감사절을 돌아보자! 한 해 먹고 살게 해 주시고, 사업 번창케 해 주시고, 아이들 잘 크게 해 주셔서 추수감사헌금을 드렸다면 나의 1년 농사는 크게 망한 셈이다. 아니 전체 살아온 신앙의 삶 자체를 돌아보아야 하지 않을까? 그래서 기복은 곧 기근을 만난다.

말씀을 사랑해서 예수님을 알아 가고 예수님을 매년 닮아 감이 깊어지고 있다면 어느새 나는 에덴 동산 안에 살게 된다. 이것이 주님께서 우리에게 주시고자 하셨던 '샬롬'이고 '에이레네'의 복이다. 우리 말씀 가족들 생명나무 열매 먹고 모두 에덴에서 살어리랏다.

6 엄마야 누나야 에덴 살자

: 창세기 2:1-14

우리 사회가 은근히 실패를 요구하는 사회가 된 것 같다. 누구라도 잘 되면 안 되고, 실패하고 아픈 소리 하면 쉽게 친구가 될 수 있다. 남이 실패했다고 하면 왠지 모를 안도감이 올라오지 않는가? 우리 속에 있는 시기가 작동해서만은 아닌 것 같다.

신앙도 그렇게 배웠다. 기독교 신앙은 절대로 부자가 되어선 안 되고 골고다 십자가의 길을 걸어야만 거룩한 것으로 받아들여졌다. 기복 신앙, 영광의 신학이 등장하면서 더 미운털이 박힌 게 틀림없다.

그런데 이런 사상은 성경 한 구절로 성경적이지 않다는 게 판명 난다.

"우리 주 예수 그리스도의 은혜를 너희가 알거니와 부요하신 이로서 너희를 위하여 가난하게 되심은 그의 가난함으로 말미암아 너희를 부요하게 하려 하심이라"(고린도후서 8:9)

애써 '부'를 영적인 부라고 치부하고 싶겠지만 여기서 말하는 부는 원어로도 πλουτέω(4147, 플루테오), '부하게 되다(become rich)'라는 뜻이다. 이 구절은 연보를 이야기하면서 이를 실행할 것을 요청하며 바울이 했던 말이니 더욱 분명하다.

성경은 아주 많은 곳에서 자기 백성에 대한 하나님의 부요케 하심을 언급하고 있다. 잠언만 보더라도 그렇다. "지혜의 오른손에는 장수가 있고 그의 왼손에는 부귀(재물과 영광)가 있나니, 지혜는 그 얻은 자에게 생명나무라"라고 했다(잠언 3:16, 18). 시편은 어떤가? 복 있는 자는 그가 하는 모든 일이 형통하다 하였다. 악인의 길은 망하리라 하였으니 형통을 또 빼딱하게 해석하지 말아야 한다.

이 모든 복은 어떻게 주어질까? 구약과 신약은 일관되게 말씀하고 있다.

"내 아들아 나의 법을 잊어버리지 말고 네 마음으로 나의 명령을 지키라"(잠언 3:1)

"인자와 진리가 네게서 떠나지 말게 하고 그것을 네 목에 매며 네 마음 판에 새기라"(잠언 3:3)

신명기도 그렇고 여호수아도 그랬고 다윗도 그렇고 사무엘도 그렇고 예수님도 제자들도 그렇고 바울도 그러했다.

성경 전체가 말씀을 어떻게 대했느냐에 대한 인간의 흥망성쇠 아닌가? 창세기의 에덴 동산을 보면 인간에게 어떤 삶을 살라고 하셨는지 하나님의 의중이 나온다. 에덴 안에서 알바가 있었겠는가? 임시직은 어떤가? 주 52시간 근무가 있었을까? 에덴의 나무들은 농사하지 않았는데 하나님께서 보기에 아름답고 먹기에 좋은 나무가 나게 하셨다(창세기 2:9).

이제 실패나 가난이 부끄러운 것은 아니겠지만 자랑거리는 아니었으면 한다. 누구라도 말씀대로 살아 보아서 하나님께 복을 받아 본 사람이 있는가? 하나님 없이도 분명 돈을 벌어 부자가 될 수 있으나 오래는 못 간다. 설사 가더라도 지옥이 아닌가? 하나님 없이 번 돈 말고 진짜 여호와께서 보시기에 너무나 아름다운 사람이 있어서 하나님께서 주신 부를 경험해 본 사람을 보았는가?

수고롭게 땀을 흘리며 일해도 가시나무와 엉겅퀴를 얻는 삶은 인간이 타락한 이후의 삶이었다. 창세기 6장의 홍수가 일어나기 직전의 노아의 아버지 라멕은 타락한 인간들의 노동에 대한 고통의 원인을 정확히 표현해 주고 있다.

"이름을 노아라 하여 이르되 여호와께서 땅을 저주하시므로 수고롭게 일하는 우리를 이 아들이 안위하리라 하였더라"(창세기 5:29)

원래 에덴 동산의 원형을 본문에 그대로 보여주고 있다. "천지와 만물이 다 이루어 지니라"(창세기 2:1) 창조가 완성됐다. 하나님께서 일을 그치셨으므로 안식이다. 안식은 샤바트로 그쳤다는 뜻이다. 하나님의 뜻이 완전히 성취되시면 수고가 그치는 것이 안식이다. 그리고 난 다음 에덴 동산 창설이 나온다. 거기에 인간을 두셨다. 과일을 저절로 나게 하셨다.

아담과 하와는 동산을 관리한다. 하나님께서 동물들을 끌고 오면 이름을 지어 주는 것이었다. 주 52시간 근무가 아니었다. 음식 다 만들어 놓으면 갖다가 먹는 게 일이었다. 그 중앙에 생명나무가 있고 그 옆에 선악과가 있어서 손 안 대는 게 전제 조건이었다.

하나님의 뜻이, 통치가 완전히 이루어진 것이 안식이듯 에덴 동산도 그 완전한 통치 안에 있어야 했다. 그것이 곧 우리들의 안식이다. 다 만들어 놓은 하나님의 안식을 부수지 않는 것이 곧 우리들의 안식인 셈이다.

그러나 인간은 에덴 안에 살 자격을 잃었다. 하나님의 안식(완성)을 깨 버렸기 때문이다. 왕이 둘이 있는 나라는 하나님 나라가 아니었다. 그래서 하나님의 안식 안에 살 수 없게 되어 쫓겨나야 했다. 그로 인해 땅은 저주를 받고 그침이 아닌, 안식이 아닌 땀을 흘리고 수고해야만 하는 고통이 시작되었다. 영원한 안식인 천국은 완벽한 하나님 통치의 나라인 것이다.

그래서 일이란 말씀 안에서는 '섬김'이나 말씀 밖에서는 '형벌'이다. 예수님은 썩을 양식을 위해 일하지 말고 영생하도록 있는 양식인 예수님 믿는 일을 하라고 하셨다. 그것만이 옛 창조를 다시 회복할 수 있는 새 창조 안에서의 에덴의 회복이기 때문이다.

말씀은 던져 놓고 오늘도 새벽 찬 바람 날리며 행복을 향해 달음질하는 가장들에게, 여행 경비 벌어 보겠다고 묵상 책 던져 놓고 알바하는 학생들에게, 말씀 사랑하지 않고 이중직하며 교회를 세워 보겠다고 대리 뛰고 있는 목회자들에게 에덴을 선물하고 싶다.

7/ 아주 가깝게 먼 사람
: 시편 55:1-23

한 일간지에 서로 너무나 다른 부자의 이야기가 소개되었다. 아버지는 평등사상에 심취해 남로당으로 활동하다가 6·25 때 북의 6사단과 함께 태백산맥을 따라 월북을 했다. 아들은 북에서 옥수수 과학자로 지내다가 삐라를 발견하고 탈북을 했다. 이 사람이 대북풍선단장, 북한동포 직접 돕기 운동 이민복 대표였다.

달라도 너무 다른 이 부자 이야기를 보면서 시편 55편의 배경이 되는 다윗과 압살롬의 반란 사건이 겹쳐졌다. 다윗과 압살롬은 왜 그렇게 서로 다를까? 다윗은 희생 라인인 아벨의 라인이었고, 압살롬의 라인은 가인의 살인 라인이었다.

본문을 보면 아들과 자신의 모사였던 아히도벨의 반역 사건으로 다윗이 지금 적잖은 충격과 공포에 잠식된 심정을 토로하고 있다.

"내 마음이 내 속에서 심히 아파하며 사망의 위험이 내게 이르렀도다 두려움과 떨림이 내게 이르고 공포가 나를 덮었도다"(시편 55:4~5)

다윗은 한 세기를 살면서 경험할 수 없는 극심한 아픔을 경험한 인물이다. 마음이 심히 아픈 데다 수치와 생명의 위협까지 느끼는 공포스러운 상황이다. 가장 아프고 힘든 이유는 그 원수가 다름아닌 자기 아들 압살롬이었고, 또 가장 가깝게 지내며 나라의 일을 의논했던 모사 아히도벨이었기에 더욱 그랬다.

아들과 자신의 가장 친한 친구가 하루아침에 자신을 죽이는 원수가 됐다. 그래서 '원수가 아니라 원수일진대', '나를 미워하는 자가 아니라 미워하는 자일진대'라고 표현하고 있다. 원수가 아닌 내 동료, 나의 친구, 나의 가까운 친우인데 나의 원수였고, 나를 미워하는 자였다는 뜻이다.

놀라운 것은 그런데도 다윗은 그래도 참을 것이고, 피했을 것이라 고백한다. 이 부분이 다윗이 압살롬과 다른 부분이다. 다윗은 심지어 원수라도 피를 흘리기를 싫어한 사람이었다. 이것이 예수님을 닮은 모습이다.

그러나 살인의 마음을 가지고 있는 자들은 다르다. 겉과 속이 완전히 다른 사람이다. 동료란 원어는 '에레크'란 말인데 평가, 평가액, 가치 판단이란 뜻이 있다. 동료란 나와 값이 같은 사람이다. 같은 가치와 같은 생각을 하는 친한 친구란 뜻이다. 가까운 친우란 말은 '야다'란 원어를 썼기에 서로를 경험상 깊이 이해하고 알고 있었던 사이였다는 뜻이다.

그런데 놀랍게도 그 깊은 속마음은 전혀 다른 사람이다. 이들은 하나님의 집 안에서 같이 다녔고 즐겁게 서로 의논하며 하나님의 일을 했었다. 그러나 그들은 손을 들어 화목한 자를 치고, 언약을 배반하는 자들이었다. 입은 우유 기름보다 미끄러우나 마음은 전쟁이요, 그의 말은 기름보다 유하나 실상은 뽑힌 칼이었다(20~21절).

사랑은 없는데 의무로 함께 살아가는 사람과 한평생 산다면 얼마나 마음이 힘들까? 이럴 때 다윗은 속히 피난처로 가겠다고 고백한다(8절). 그리고 과거 자신에게 구원이 되셨던 경험을 바탕으로 구원받았음을 노래한다.

"나를 대적하는 자 많더니 나를 치는 전쟁에서 그가 내 생명을 구원하사 평안하게 하셨도다"(18절)

이 정도로 인생이 망가졌으면 대부분 사람은 다 자포자기하는 것이 다반사다. 그러나 다윗은 달랐다. 그동안 자신이 경험했던 여호와의 이름을 알았기 때문이다. 가만히 침착하게 생각해 보면 사실 압살롬의 반란은 그리 오래 못 가게 된다. 예루살렘은 여호와의 이름이 있는 곳이다. 아브라

함과 하셨던 언약을 기억하셔서 출애굽 시켜 여기까지 인도하신 분이 여호와 하나님이신데 이런 불법과 불의와 악독으로 예루살렘을 차지하는 왕을 여호와의 이름이 용납하실 리가 만무하다.

이 불의를 다윗은 계속 하나님께 아뢰고 있다. 하나님의 도성이 어떤 상태가 되었는지 아뢰고 있다. 그들이 주야로 성벽 위에 두루 다니니 성 중에는 죄악과 재난이 있고 악독이 그 중에 있고 압박과 속임수가 그 거리를 떠나지 않는다고 하나님의 공의에 호소하고 있다(10~11절).

다윗은 너무나 하나님을 잘 알고 있었다. 그래서 그들의 미래를 말씀대로 확실히 내다보고 있다. 악독이 그들의 거처에 있으므로 사망이 갑자기 그들에게 임하고 산 채로 스올로 내려갈지어다(15절) 선포하고 있다. 주께서 파멸의 웅덩이에 빠지게 하실 것이고 그들의 날의 반도 살지 못할 것(23절)이라 선언한다. 이 선포대로 압살롬은 실제로 상수리나무에 걸려 매달려 있을 때 요압의 창과 함께한 10여 명의 청년이 쳐 죽이고 큰 구덩이에 던져졌으며, 아히도벨은 고향으로 내려가 목매어 죽는다.

다윗은 저녁, 아침, 정오에 근심하고 탄식하며 여호와께서 내 소리를 들으시리라 확신하며 기도했다. 바로 앞에서 하루 세 번 탄식하는 의인의 소리가 얼마나 가깝게 들렸을까? 그래서 유명한 한 구절이 탄생했다.

"네 짐을 여호와께 맡기라(던져버려라) 그가 너를 붙드시고 의인의 요동함을 영원히 허락하지 아니하시리로다"(22절)

세상엔 악인이 존재한다. 너무나 가깝게. 그러나 하나님은 분명코 살아 계신다. 그리고 공의로 다스리고 통치하고 계신다. 하나님을 모르는 자는 악을 저지르고 하나님을 아는 자는 어떤 상황 속에서도 여호와만 의지할 수 있다. 악인이 득세하고 있다면 안심하자! 말씀대로 될 것이다. 내가 악의 자리에 있다면 돌이켜라! 의인의 선포대로 될 것이기에 그렇다. 하나님께 겉 친구가 아닌 속 친구 해야겠다.

이들은 변하지 않는다고 했으니 나도 날마다 아름답게 변해 가야겠다. 경험으로 안 하나님 그대로 사랑이 깊어져야겠다. 내 안의 압살롬과 아히도벨을 위해 저녁, 아침, 정오에 탄식하며 주께 나아가기로 작정한다.

8. 은혜 담긴 옥합
: 고린도전서 16:1-12

최근 마음속에 작은 근심 하나가 떠올랐다. 말씀을 열심히 묵상하며 훈련받은 성도들에게 새로운 사업의 길들이 열리기 시작했기 때문이다. 처음엔 당연히 함께 기뻐했다. 그런데 산책을 하다 문득 주께서 내게 한 가지 근심을 하게 하셨다. 묵상하면서 그 근심에 대해서 정확하게 가르쳐야 할 말씀을 깨닫게 하셨다. 그 근심이 성도들을 가르쳐야 하기에 주신 근심이라는 것도 알게 되었다.

더 놀라운 것은 그 본문을 묵상하는 자리에 가르침을 받아야 할 성도가 앞에 앉아 함께 묵상하게 하셨다. 그 본문에 대해 자세히 설명하게 하신 것은 우연이 아니리라. 내가 근심한 문제는 물질에 대한 것이다. 물질이 이제 성도들 기업에 많이 들어오게 될 것인데 과연 우리 성도들은 이 물질에 대해 청지기로서 마음과 자세가 튼튼한 것일까?

바울은 고린도 성도들에게 예루살렘 교회를 위해서 바울이 갈 때 연보하지 않게 하라고 가르쳤다. 매주 수입에 따라 첫날에 모아 두어야지 바울이 갔을 때 연보하면 안 된다는 것이다. 연보는 연보를 하지 않는 것이 연보란 뜻이다. 그래서 바울은 연보를 연보라 하지 않고 '은혜'라 표현하고 있다.

"내가 이를 때에 너희가 인정한 사람에게 편지를 주어 너희의 은혜를 예루살렘으로 가지고 가게 하리니"(3절)

은혜라는 것이 받을 자격이 없는데 받은 것이라면 이들이 모은 연보는 그들의 것이 아니라는 뜻이요 그들은 받을 자격이 없는데 받았으니 늘 '빚진 자'란 뜻이 된다. 육적으로 우리를 회복시켜 주신 빚보다 더 큰 빚은 그리스도의 보혈 속전 아니겠는가?

말씀이 복이라는 것을 경험해 본 사람이라면 이 본문은 아주 쉬워진다. 물질의 복은 어떻게 오는지 알면 왜 은혜인지 더욱더 명확해진다. 이들에게 전달해 준 복음과 말씀으로 인해 하나님께 은혜를 입은 결과가 다양하게 나타나는데 그 가운데 한 가지가 물질의 회복과 축복이다.

우리 교회 처음 오신 분들의 재정 상태는 모두 바닥이었다. 다들 각자 교회를 열심히 다니면서 봉사했던 분들이었다. 이곳에 와서 말씀을 배우고 왜 말씀이 썩지 않을 양식인지 배우며 수년간 훈련받고 말씀 안으로 들어왔다.

이제는 말씀 순종 잘하는 사람이 되었기에 응당 아버지께 복을 받는 것은 너무나 당연하다. 그래서 물질의 복을 받기 전에 반드시 알아야 할 것은 자신들이 자격 없는 은혜 입은 자들이라는 것이고 그래서 평생 빚진 자라는 것을 알아야 한다.

말씀을 가르쳐 주어서 말씀 안으로 들어오기 전에는 꿈도 꾸지 못할 일이었고, 아마 지금쯤 온 가족이 비참한 생활을 하고 있어야 한다는 것을 잊지 말아야 한다. 그런데 인간은 자신이 은혜 입은 자요, 빚진 자라는 것을 자주 망각하곤 한다.

자신의 수중에 들어온 돈이 자기 것이라 생각하지 누가 청지기일 뿐이라고 생각하겠는가? 초대 교회의 유무상통은 그래서 은혜가 무엇인지 알았다는 뜻이다. 베풀어 주신 은혜로 많은 물질이 들어오면 가족끼리 참 행복하게 물질을 사용하면서 살게 될 것이다.

은혜이니 누리는 것이 마땅하다. 그러나 그 물질에 대한 소유권이 자신에게 있다고 생각해서는 안 된다. 성도가 어려울 때 도와주어야 한다는 생각과 교회 선교 사역에 동참해야 한다는 생각 자체에 여전히 그 물질이 자기 것이라는 생각이 깔려 있다. 은혜는 그렇게 나뉘지 않는다.

그래서 바울이 갈 때 연보하는 것은 이미 은혜가 아닌 자신들이 베푸는 동정이 된다. 은혜는 자신의 비참함을 기억하는 것이요, 은혜는 가르쳐 주신 말씀으로 인해 들어왔다는 것을 아는 것이다. 그래서 북받쳐 올라오는 감사와 감격과 자원하는 마음으로 소유권을 주장하지 않는 것이다. 예루살렘 교회가 없었는데 어떻게 고린도 교회가 존재할 수 있겠는가?

연보는 말해야 하고, 은혜는 말하지 않아도 말씀의 위대함과 사랑을 깨닫고 자원하여 깨뜨릴 수 있는 은혜 가득 들어 있는 깨진 옥합이어야 한다. 우리 성도들 사업도 복음이 증거 되는 곳에 항상 그 깨뜨려진 옥합이 있기를 기도한다.

9 숨겨진 보화
: 잠언 2:1-22

'잠언이 어떤 책입니까?'라고 물어본다면 단 한마디로 여호와를 경외하게 하는 책이라고 말할 수 있다. '지혜가 무엇입니까?'라고 묻는다면 여호와를 경외하는 것이라고 답할 수 있다. '지혜를 어떻게 소유할 수 있습니까?'라고 묻는다면 예수 그리스도를 얻으면 된다고 말할 수 있다. '예수 그리스도를 어떻게 얻을 수 있습니까?' 하고 묻는다면 말씀을 공부해 보면 자동으로 알게 될 거라고 답할 수 있다.

본문에 지혜자인 솔로몬이 이 예수 그리스도를 얻어 여호와를 경외하는 법을 알려 주고 있다. 그런데 예수님을 얻기 전에 먼저 우선시해야 할 일이 있다. 사람의 말을 받기로 해야 한다는 것이다. 사람은 지혜자인 솔로몬을 말한다. 하나님은 솔로몬에게 지혜를 주셨다. 다른 사람들은 죽었다 깨어도 지혜를 모른다. 지혜는 예수 그리스도에게서 나오기 때문이다. 예수께서 지혜를 준 사람이 있다.

지혜를 깨달으려면 먼저 지혜를 받은 사람이 말하는 것을 잘 들어야 한다. 바울 한 사람 때문에 지금 21세기 사람들이 바울이 쓴 책을 생명으로 간직하는 것과 같은 이치다. 그래서 솔로몬은 먼저 "나의 말을 받으며 나의 계명을 네게 간직하며"(1절)라고 말한다. 그 다음 지혜에 귀 기울이며 네 마음을 명철에 두며 지식을 불러 구하며 감추어진 보배를 찾는 것 같이 그것을 찾으라(2~4절)고 가르쳐 주고 있다. 이렇게 간절히 찾아서 결국 얻는 게 무엇일까? 바로 "여호와 경외하기를 깨달으며 하나님을 알게 되리니"(5절)다.

결론이 나왔다. 솔로몬이 가지고 있는 지혜는 '여호와 경외'였다. 이렇게 할 수 있는 사람은 여호와를 아는 사람이다. 아는 것은 바로 경외로 이어지며 경외하는 사람은 진리를 아는 사람이고, 안다는 것은 그 말씀과 함께 살면서 서로 알거 다 아는 사이란 뜻이다. 말씀이 곧 지혜이고 이 지혜를 소유한 사람은 여호와를 경외하는지 보면 알 수 있다. 곧 여호와를 아는 사람이라고 할 수 있다. 아버지는 지혜를 주신다. 곧 자기 아들인 말씀을 주신다. 지혜이신 예수님을 알면 그제야 진정으로 아버지를 경외할 수 있게 된다.

지혜가 마음에 들어오면 경외하는 지식이 생겨 영혼이 즐겁다. 그 지식은 근신(신중함)을 가져오고 명철(분별력)이 생겨서 길이 아닌 곳은 절대로 가지 않게 된다. 그래서 "지혜가 마음에 들어가며 지식이 네 영혼을 즐겁게 할 것이요 근신이 너를 지키며 명철이 너를 보호하여"(11절) 이렇게 말씀하신 거다.

이런 지혜를 가지고 있는 사람은 완전한 지혜를 가지고 있는 사람이기에 행실이 온전한 사람이고 이것이 그의 방패가 되고 이것이 정의의 길이기에 보호받고 이것이 성도의 길이기에 보전해 주시는 거다. 악한 자에게서 건져 내시고, 행악하기를 기뻐하는 자에게서 또 음녀와 말로 호리는 이방 계집에게서 구원해 주신다. 여기서 구원받지 못하면 "누구든지 그에게로 가는 자는 돌아오지 못하며 또 생명 길을 얻지 못하느니라"(19절) 때문이다.

그래서 지혜자의 말을 받아서 지혜에 귀를 기울이고 명철을 얻으려고 하며 구하려고 소리를 높이고 마치 보배를 찾는 것 같이 찾아서 여호와 경외하기에 이르러야만 목숨 부지하고 이 땅에서 살아남을 수 있다.

지금 여호와를 경외하지 못하고 있다면 말씀이 없기 때문이고 말씀 보는데도 경외가 잘 되지 않는다면 지혜자가 외치는 소리에 귀를 기울여 보배를 발견해야 한다. 돌아오지 못할 강 건너기 전에 다 팔아서 보배가 묻혀 있는 밭을 사라! 성경은 그냥 책이 아니다.

10 / IN N OUT BUG
: 잠언 13:1-13

잠언에서 정말 아름다운 사람을 보았다. 잠언에서는 외모의 아름다움은 한마디도 하지 않는다. 모두 다 하나님과의 관계와 사람과의 관계, 그리고 자신과의 관계에서 건강하고 성숙함을 말하고 있다. 하나님의 계명을 잘 지키고, 이웃을 바르게 인도하고, 자신은 늘 겸손하고 부지런한 사람이다. 반면 짐승 같은 사람도 같은 비중으로 언급하신다. 지혜자와 악인이 번갈아 가며 같은 비중으로 나온다. 그런데 지혜자와 악인을 정확하게 둘로 나눌 수 있는 기준은 지혜를 듣느냐 아니면 듣지 않느냐다. 지혜를 소유했으면 미인이요 소유하지 않았으면 짐승(우매) 같은 사람이다.

지혜자인데 권고를 들을 필요가 있을까? 지혜는 예수 그리스도시다. 세상에 예수님 외에는 완벽한 지혜자가 없다. 그래서 지혜를 소유한 사람도 지혜를 소유한 분량 외에는 미련하다는 뜻이다. 그러니 지혜자는 계속 훈계와 권고를 귀담아듣고 징계를 기뻐하면서 계속해서 지혜로워질 수 있다. 이런 사람을 미련한 지혜자로 부르고 싶다. 그렇다. 우리는 모두 미련한 지혜자일 뿐이다.

"지혜로운 자는 권고를 듣느니라"(잠언 12:15b)
"지혜로운 아들은 아비의 훈계를 들으나 거만한 자는 꾸지람을 즐겨 듣지 아니하느니라"(잠언 13:1)

예수님도 아버지에게 들은 말을 그대로 하시는 분이다. 예수님은 잘 들으셨기에 정확하게 말씀하셨다. 그래서 생명이요 진리시다. 잘 들어야 잘 말할 수 있다는 원리를 발견했다. 지혜가 있는 사람은 지혜를 입술로 뱉는다. 없는데 지혜를 내놓을 수 없다. 수입이 있어야 지출이 있듯 가지고 있어야 줄 수 있다. 잘 말할 수 있는 비결은 잘 듣고 배움이다.

그래서 사람은 입의 열매로 복록(토브 : 선, 복지, 번영)을 누린다고 했다(2절). 잘 듣는 사람은 얼마나 아름다운지 정리해 보았다.

1) 먼저 자신을 고친다	2) 마음을 잘 지켜 분노를 다스린다	3) 의의 열매가 가득하다
4) 이웃에게 양약(마르페 : 건강, 치료)이 된다	5) 진실만 말한다	6) 화평을 꾀한다
7) 행함이 진실하다	8) 지식을 감출 줄 안다	9) 말로 근심을 덜어준다
10) 이웃의 인도자다	11) 부지런하다	12) 공의의 길을 걷는다

잘 듣는 자가 정말 아름다운 사람이라는 탄성이 나왔다. 나는 과연 이런 사람이었을까? 이런 아름다움의 비결은 잘 듣고 지혜를 마음에 담았기 때문이다. 반면에 듣지 않고 거만한 무지한 사람의 마음과 입에서는 어떤 것들이 나올까?

1) 마음의 궤사 (바가드 : 불성실, 속임)	2) 입술을 크게 벌림 (배설)	3) 게으름
4) 거짓말	5) 스스로 부한 체 (위선과 자랑)	6) 교만과 다툼
7) 망령되이 얻은 재물	8) 기도 응답을 못 받음	9) 말씀 멸시로 자기 패망

지혜가 있는 아름다운 사람과 지혜가 없는 거만한 사람의 모습을 이토록 갈라놓는 것은 지혜를 듣느냐 듣지 않느냐에 달렸다. 지혜는 말씀이다. 그러니 지혜의 말씀을 제대로 잘 들을 수 있고 잘 배울 수 있어야 한다. 그래야 세상에서 낭패당하지 않고 건강하게 살다가 천국 갈 수 있다.

미국에 가면 유명한 햄버거가 있다. 'IN N OUT 버거'다. 묵상하면서 갑자기 이 단어가 생각났다. 잘 들어야(IN) 잘 말할 수 있다(OUT). 잘 듣지 않고(NO) 내뱉으면(OUT) 오류다. 오류(BUG) 나면 인생은 OUT이다. 그래서 'IN N OUT BUG'다. 지혜의 말씀 잘 듣고 BUG를 잘 고쳐 아름다운 사람으로 계속 자라 가야겠다. 고쳐 주세요, 주님!

11/주님이 세운 교회 특징 열한 가지
: 잠언 20:16-30

교회의 정체성은 성경이다. 성경대로라야 교회다. 따라서 성경 해석이 중요할 수밖에 없다. 성경 해석을 잘못해서 수많은 이단이 나온 것처럼 성경은 변함없는데 사람들의 믿음은 왜 제각각일까? 그 교회가 어떤 교회인지 알려면 지도자를 들여다보면 알 수 있다. 그 지도자의 머릿속에 든 성경 해석과 그 해석대로 자신의 삶을 그대로 살고 있는지 확인해 보면 된다.

사실 분별하기가 어렵다. 왜냐면 분별하는 사람도 정확한 진리를 알고 있어야 한다. 중세 시대에 사는 성도가 중세 교회를 분별할 수 있을까? 마찬가지로 지금 원 복음으로부터 2천 년이 지난 시대다. 내가 자란 시대에서 배웠던 지식은 정말 바른 지식일까? 예수 그리스도의 깊이와 넓이는 측량할 수 있을까? 성경의 깊이와 넓이를 경험해 본 사람이 있을까? 그래서 무지한 사람은 무지하다는 것을 모른다.

잠언에서는 성취하는 경영에 대하여 말하고 있다. 묵상을 통해 주님이 세운 교회의 특징 열한 가지를 발견했다. 이런 교회라면 분명 주님이 세운 교회일 것이다.

1. **사람** 사람이 곧 교회다. 새가족들이 인생의 오후 5시에 부름을 받은 사람들이다. 모두 말씀을 사랑하는 사람들이 모여 훈련으로 탄탄한 리더들로 성장하는 교회.

2. **콘텐츠** 교회의 콘텐츠가 음악이거나 문화라면 곤란하다. 교회의 주 콘텐츠는 말씀이다. 그리스도가 터, 모퉁잇돌, 재료, 머리가 되지 않는 교회는 회당일 뿐이다.

3. **사랑** 말씀 생활의 최종 목표다. 공동체 모두가 이 목표를 향해 자라간다. 사람 사랑하기 전에 말씀 사랑이 먼저 되어 성장하고 이후에 성숙의 단계에 들어가면 사람 사랑이 열린다. 말씀을 배우면 배울수록 겸손해지고, 섬기고, 약한 자를 섬기기 때문이다.

4. **거룩** 세월이 흘러도 변질이 없다. 물질의 복을 받는데 그래도 교만하지 않고 그 재물이 면류관이 되도록 흘려 보내면서 그리스도를 닮아 감에 변함이 없다.

5. **인도** 교회가 한 단계 성장과 성숙함에 있어서 그때와 시기가 담임 목사의 의도대로 되지 않는다. 주님이 정해 놓으신 범위에 맞게 양적, 질적 성장이 일어나야 한다. 무차별적인 전도 대회로 급격히 늘어나는 양적

성장은 오히려 교회를 어렵게 만드는 원인이 된다.

6. 드림 교회와 성도들의 목적이 세상이 아니기에 많은 재물과 재산을 쌓아 놓지 않는다. 기꺼이 주님이 기뻐하시는 일에 손을 펼 수 있다. 그러나 헛된 곳에 헌금하지 않는다. 이방인들보다는 주님의 자녀들을 섬기고 말씀을 세워 나갈 수 있는 곳과 사람에게 헌신한다.

7. 권징 농부는 떨어진 과일 때문에 마음 아파하지 않는다. 병든 과일은 반드시 떨어지게 되어 있고, 여전히 건강한 과일 때문에 기쁘다. 병든 가지는 잘라 주어야 본 나무가 건강할 수 있다. 열매 맺는 가지로 만들기 위해 지속해서 권면하고 바르게 세워 나간다.

8. 감찰 제자훈련을 하면 입술로 아름다운 신앙의 고백을 많이 한다. 그런데 일부는 그 속이 여전히 변하지 않는 경우가 있다는 것을 명심해야 한다. 바다의 윗물과 깊은 속의 물의 방향이 다르듯 지식적으로 동의할 수 있지만, 그 옛사람이 죽었는지는 별개다.

9. 목회자의 자기 관리 주님이 직접 선택해서 주님께 훈련받아 가면서 순종한 지도자가 목회하는 교회에 위의 여덟 가지 특징들이 나타난다. 인자와 진리로 매일 자신을 잘 관리해 나가는 지도자는 계속해서 성장해 나간다.

10. 사랑의 목회자 진리로 훈련을 계속 받아 가면서 거룩함과 권능, 온유와 겸손, 언어의 온전함을 거쳐 오래 참음과 사랑의 열매가 맺힌다. 이런 열매가 맺혀지는 과정이 보이질 않는 지도자는 주님이 훈련하지 않는 사역자이고 자의적인 지식과 경험으로 목회하는 사람이다.

11. 목회자의 공의 목회자에게 가장 중요한 것은 말씀이기에 절대적

으로 말씀이 기준이 되는 삶을 자신도 살고 성도들도 그렇게 살 것을 요구한다. 따라서 그 가르침에 순종하지 않는 거만하고 미련한 자를 성실히 견책하고 책망한다. 사랑과 공의가 균형이 잡혀 온전한 그리스도의 사람으로 목양해 나가는 목회자다.

성취하는 경영, 지략으로 전쟁하는 경영은 이처럼 말씀이신 예수 그리스도에게서 출발하고 세워져 나가고 성취한다. 사람, 말씀, 사랑, 신뢰, 거룩, 인도하심, 나눔, 권징, 감찰, 지도자의 자기 관리, 지도자의 인자와 공의 이렇게 만들어져 가고 있는 교회는 주님이 주님의 종을 세워 주님께서 직접 목양하시는 교회다. 이것을 가정과 기업에도 적용해 보면 지략과 성취를 경험할 수 있을 것이다.

바른 분별력으로 이 시대가 어떤 시대인지 말씀 분별, 사람 분별, 교회 분별, 잘해서 내 영혼 내 가족 영혼 지키는 성도가 되자.

| PART 6 제자 양육 이야기 |

주님이 일하셨습니다

복음에는 하나님의 의가 나타나서
믿음으로 믿음에 이르게 하나니 기록된 바 오직 의인은
믿음으로 말미암아 살리라 함과 같으니라
(로마서 1:17)

개척 초기에는 사역자가 먼저 세워져야 하고, 개척 중기에는 교회 개척자 자신을 세울 수 있는 말씀과 그 말씀이 결국 양들을 먹이는 양식이라고 했다. 목회자가 세워지고 사역자가 자신을 세운 말씀을 가지고 있다면 양들은 주님께서 보내셔야 하고 보내주신 양들에게 말씀 양식을 먹였을 때 열매가 있어야 주님이 일하셨다는 증거가 된다. 그렇다면 실제로 아파트 교회 성도들에게 말씀을 먹이고 가르쳤을 때 성도들이 어떻게 변화되었는지, 교회 성도들의 이야기를 나누고자 한다.

간증 1
종교 보이스 피싱

오 집사

> 보이스 피싱은 전화를 통해 불법적으로 개인 정보를 빼내서 금품을 갈취하는 신종 전화 사기다. 음성(voice), 개인 정보(private data) 및 낚시(fishing)를 합성한 신조어이다. 그런데 종교도 보이스 피싱이 가능하다. 성도 개인의 고난을 이용하여 설교로 응답을 빙자하거나 축복을 빙자하여 헌금을 요구하는 경우다. 말씀이 흐려진 시대를 잘 드러내고 있다.

   살아온 날들이 부끄러운 모습밖에 없지만, 저를 좋은밭교회로 인도하신 말씀의 은혜를 함께 나누게 하심에 감사드립니다.

   저는 어렸을 적부터 다닌 교회를 잠시 떠났을 때 남편과 결혼하고, 남편에게 잘하고 아침밥 잘 챙겨 주라는 친정어머니 말씀 덕분에 남편만 믿고 의지했습니다. 남편 역시 친구보다 가정에 마음을 두는 좋은 남편이고 아빠였습니다. 그러다 아이들이 태어나고 몸과 마음이 힘들어질 무렵, ○○장로교회를 출석하게 되었습니다. 거리가 먼 탓에 주일 예배만 드리다가 동네 분을 통해 집 근처 교회로 옮기면서 새벽 예배부터 모든 예배를 참석하였습니다.

   그곳은 예배와 절대 기도를 외치는 교회여서 그대로 따라가며 신앙생활을 하였으나 이러한 나의 변화를 남편이 극도로 싫어했고, 결국 교회를 옮겨야 했습니다. 그러던 중 남편의 외도를 알아차리면서 남편과의 관계는 절망적이었습니다. 남편이 집에 들어오지 않는 상황까지 이르자, 몸과 마음이 깊은 나락으로 떨어지는 아픔을 겪다가 교회 집사님의 어머니(기도원장)가 운영하는 작은 기도원에서 기도 생활을 시작했습니다.

오전 예배를 시작으로 날마다 남편이 돌아와 구원받기를 기도했습니다. 50일 작정기도, 100일 작정기도. 1,000일 작정기도를 반복하며 헌금을 하고 기도 생활을 이어가던 중 원장님의 설교 중에 자신이 심방 가면 응답받지 못하는 문제가 없다고 하셨습니다. 그러나 자신의 심방은 특별 헌금이 필요하다고도 했습니다. 당연히 헌금을 준비하려고 원장님께 묻자 한 장이라는 말씀에 "십만 원이요?"라고 되물었더니 그 정도가 아니었습니다. "그럼, 백만 원이요?"라고 했더니 천만 원을 준비할 수 있냐고 되물었습니다.

천만 원! 여러 날 고민에 빠졌다가 응답받고 싶었고, 또 믿음이 없다고 할까 봐 결국 대출까지 받아 심방을 요청했습니다. 그 심방은 보혈 찬송을 수십 번 부르고 설교한 후에 마쳤는데, 이 심방을 며칠 동안 계속 했습니다. 기도원 원장님은 지나가는 말처럼 "이걸 예수 굿이라고 하는 거야."라고 말했습니다. 내심 놀랐지만, 당시 분별할 상태가 아니었던 터라 그저 하라는 대로 했고, 이후에 아들을 위해 오백만 원을 주고 또 심방해 달라고 요청했습니다. 그렇게 무지한 저는 5년 동안 기도원에 다니면서 의심도 없었고, 평생 다니리라 작정하기도 했습니다. 그러나 가슴에 커다란 구멍이 난 것만 같고, 아무리 기도해도 뻥 뚫린 가슴은 채워지지 않았습니다.

그러던 중 좋은밭교회 말씀 파워하우스를 알게 되었습니다. 기도원에서는 말씀 많이 알면 교만해진다며 설교만 들으라고 했는데 이동복 목사님은 말씀을 만나야 한다고 하셨습니다. 참석 3주차에 남편과 아내의 본분을 묵상하고 부부가 어떻게 가정을 지켜야 하는지를 깨우치고, 또 말씀 묵상을 통해 회개하게 되었습니다. 또한 부부 상담 중에 말씀은 성실한 한 걸음이며 한순간에 그 깊이를 알 수 없다는 것도 배우면서, 그동안 말씀이 없는 녹슨 구원 열차에 있었다는 사실을 깨닫게 되었습니다.

2015년 5월 31일, 처음 아파트 교회 주일 예배를 드리게 되었습니다. 의자가 열 개 남짓하고 성도는 그보다 더 적었습니다. 거룩한 삶 큐티를 통해 아파트 교회가 어떻게 세워졌음을 알고 있었지만, 정작 아파트에서 예배를 드리니 여기를 오는 게 맞나 싶기도 했습니다. 말씀의 이끄심으로 요한복음 2장을 배우면서 성전에서 장사하는 자들처럼 하나님의 것을 돈으로 가지려 하고, 기도 응답을 돈으로 사려 했던 내 모습을 적나라하게 볼 수 있었습니다.

그렇게 오래 교회를 다니고 기도원을 다녔으나 말씀을 배운 적이 없었습니다. 말씀으로 비추어 본 나의 모습은 충격적이었고, 더구나 기도원의 생활은 '비나이다' 신앙인 것을 알게 되자 통곡이 나왔습니다. 다행히 이동복 목사님의 지도에 따라 기도원 원장님에게 돈을 돌려받을 수 있었습니다. 교회를 다녔을 뿐 예수 그리스도를 알지 못했던 나를 진리의 길, 생명의 길, 예수 그리스도를 가르쳐 주시는 좋은밭교회에 인도하여 주심에 감사합니다.

겉으로 드러나는 죄는 물론 내 안에 죄! 혈기, 분노, 음란, 열등감 온갖 죄들을 인식하게 되었고, 남편을 우상으로 만들었던 내가 보였습니다. 남편의 외도가 가정불화의 원인이었다고 생각했는데 내 자신이 왕 노릇을 하고 있었습니다. 예수님을 배우면서 사랑과 희생을 배웠습니다. 말씀을 배우면서 억울한 나머지 눈물이 흐르던 저에게 "예수님보다 억울하냐"고 하신 목사님! 망치로 얻어맞은 듯했습니다. 한마디도 할 수 없었습니다.

그렇게 말씀을 배우며 죄를 끊어 내려 끊임없이 노력했지만 머릿속을 스치는 악한 생각들로 인해 몸부림치며 기도하던 중 어느 순간 끊어지기 시작했습니다. 또 남편에게 퍼부었던 악한 행동과 말들을 생각나게 하셨고 그때마다 용서를 구하게 하셨습니다. 그로부터 1년 넘게 남편에게 말씀을 전하게 되었고, 성실하신 하나님은 남편을 가정으로 돌아오게 하셨습니다. 이제 남편이 말씀 안에 돌아오도록 일하신다고 믿습니다. 또한 직장 생활을 하며 온전히 주일을 지키지 못했는데, 그 안에서의 훈련이 은혜였고, 이제는 땅을 갈아야 하는 수고에서 벗어나서 나의 피난처가 되신 예수님께 감사합니다. 시간이 지날수록 저의 악함으로 울며 주님 앞에 나옵니다. 오늘도 동행하시는 주님을 찬양합니다.

제게 말씀의 꿀을 먹여 주시고 먼저 복이 되어 복이 되는 이 시간, 하나님께서 허락하신 큰 사랑임을 깨닫습니다. 어둠 속에서 갈 길 몰라 헤매며 분별하지 못해 삯꾼에게 농락당하던 무지한 저를 택하신 말씀의 은혜가 크고 깊습니다. 세월이 갈수록 말씀의 집을 짓는 견고함으로 은혜 위의 은혜, 진리와 동행하며 예수 그리스도의 그 이름을 높이고, 하나님 아버지의 기쁨이 되는 성도가 되길 기도합니다.

간증 2
소나무 신앙

천 집사

부산에서 말씀 때문에 아내와 자녀 셋을 데리고 인천으로 이사 오신 천 집사님 가정, 우리 교회에서 평신도들의 기준이 되리라는 사명을 가지고 있다. 바위에서도 소나무는 자란다. 그런데 그 바위를 뚫고 나온 소나무는 더 운치 있고 멋지게 자라 값진 귀한 나무가 된다. 그 사명답게 '소나무 신앙'으로 오직 말씀만 바라보며 여기까지 달려오셨다.

고등학교 때 친구에게 전도되어 주님을 만난 후 교회 생활을 했다. 이전에 다녔던 교회에서는 교역자 못지않게 헌신했고, 매사 교회 중심의 생활이었다. 워낙 열심히 하다 보니 교회에서 임직 시기에 나를 장립 집사(안수집사)로 피택하고자 했는데, 규정된 나이보다 몇 개월이 모자란 통에 피택할 수 없자 그냥 특별 케이스로 하자는 얘기가 나올 정도였다(물론 나자신이 극구 사양했고, 교단법을 잘 지키는 예장 고신측 교회였기에 그렇게 되지는 않았다). 어쨌든 담임목사님은 물론 장로님들을 비롯한 온 성도에게 '알곡 성도'로 인정받던 교인이었으나 실상 주님께서 보시는 나의 진짜 모습은 정말 더러움과 수치스러움 그 자체였다.

Before

성장 과정에서 비롯된 애정 결핍, 열등감으로 치미는 화를 참지 못했다. 가정 교육도 제대로 받지 못했고, 타인에 대한 배려 같은 건 전혀 할 줄 모르는 사람이었기에 내가 상대에게 상처 주는 말을 하는 건 모르고, 상대가 내 귀에 거슬리는 말을 한마디만 해도 용납하지 못했다. 화가 나면 화를 참을 수 없었고, 또 참아야 하는 이유도 인식하지 못해서 그냥 분노를 표현했다. 때로는 내가 분노조절장애가 아닐까 할 정도로 제정신이 아닌 내 자신을 발견할 때도 있었다.

성욕이 강해서 늘 아내와 잠자리 때문에 다툼이 잦았고, 욕구가 해결이 되지 않으면 음란물을 보며 자위행위를 함으로써 끝내 해소를 해야 했다. 밖에 있을 때 성적 충동이 오면 해소할 수 있는 공간을 찾았다. 죄인 줄 알면서 멈출 수 없었고, 언제나 욕구를 해소하고 나면 하나님 앞에 죄를 지었다는 죄책감과 후회가 들었지만 깊이 결박되었기 때문에 끊을 수 없었다. 하나님께 결단하고 잠시 끊을 때도 있었지만 이내 제자리로 돌아가게 되는 생활의 반복이었다. 개인적으로 관음증적 성향이 강했기 때문에 몰카 범죄물에 중독되어 있었고 모방 심리가 계속 올라오고 있었기에 말씀을 안 만났으면 언젠가 몰카 범죄로 쇠고랑을 찼을 것이다.

아내와 대학 1학년 2학기 때 만나서 교제하던 중에 임신을 하게 되었다. 주님이 주신 생명을 해할 수 없었고, 사람 앞에서 수치가 된다고 덮을 수 없다는 생각으로 혼전 임신한 아이를 낳기로 결정하고(이 결단은 정말 온전히 하나님 앞에서 조금이라도 바르게 살고 싶은 마음 말고는 다른 고려 사항이 없었다. 지금 생각해도 살짝 대견하다) 부모님께 결혼하겠다고 했다. 당시 21세, 대학교 2학년 1학기였으니 양가 부모님의 거센 반대에 부딪혔다. 학교 선배에게 빌린 팔십 만 원으로 보증금 오십만 원에 월세 십만 원짜리

단칸방을 얻어 혼인신고만 하고 신혼살림을 시작했다.

당시 청년부 임원을 하던 중에 갑작스레 교회를 떠나자, 나의 사정은 이미 온 교회에 퍼졌고, 교회에서 무척 따랐던 형이 나를 돕겠다면서 사업을 같이하자고 다가왔다. 밑도 끝도 없이 어떤 영험한(?) 목사님이 기도해 봤는데 되는 일이라고 했다. 그 말만 믿고 같이 일했다가 20대 초반에 수천만 원의 빚과 함께 신용불량자가 되었다. 나에게 제안했던 그 형은 그 일은 접고 학원을 열었고, 그 영험한(?) 목사님에게 학원을 하겠다고 했을 때는 "그래, 그게 좋겠다"라는 어이없는 대답을 들었다고 한다. 문제가 터졌을 때 양가 부모님 모두 도와줄 수 있는 현실적인 능력이 없었고, 개인적으로 양가의 불신 부모님께 하나님과 교회에 대한 이미지를 대단히 실추시킨 부끄러운 과거다.

단칸방에 살던 신혼 때 사촌 누나와 매형이 다단계 사업을 하자고 제안했다. 일해 가는 과정에서 선교에 대한 나의 꿈과 혼합되어 마치 하나님이 주신 일이라는 생각이 들어왔고, 그런 믿음으로 그 일을 계속했다. 결론적으론 아내가 그 일을 주력하게 되었고, 일정 부분 결과를 내기도 했지만 (중간에 사촌 누나와 매형은 이탈), 그 일에서 요구되는 삶의 모습과 자세(?)들로 인해 항상 분수에 넘치는 생활을 했고 적자는 깊어졌다. 정상적인 기반을 가지고 정상적인 경제 활동을 영위하며 사는 사람들에게는 무리가 아니었으나 이미 20대 초반부터 신용불량자 여파를 겪으며 살아가는 나에게는 사치스러운 생활이었다. 지금 생각해 보면 그 일에서 지도하는 역할을 했던 '스폰서'의 삶에 대한 태도가 대단히 불성실했지만 당시에는 그래야 하는 줄 알고 따라하며 살았다. 참 어리석었다. 이번에 첫째 아이가 대학에 입학해야 하는데 말씀을 만나지 못했다면 아이 대학도 못 보내고 길거리에 나앉는 신세가 되었을 것이 자명하다.

이처럼 만나서 영향을 주는 사람마다 굽은 사람이었고, 그들과 함께 하는 일이니 하는 일마다 안 될 수밖에 없었다. 이렇게 죄, 실패, 수치로 대변되는 나의 인생이었는데 말씀을 만나 말씀의 사랑을 받게 되어 말씀을 배우고 순종하는 것을 배우고 그런 삶을 지속하면서 나의 인생에 여러 가지 변화가 일어나게 되었다.

After

성장 과정, 애정 결핍, 열등감 그것들은 아무것도 아니다. 예수님이 어떻게 사셨는지, 어떤 고난 가운데서도 침묵하며 묵묵히 고난을 당하셨는지를 배우고 나서는 화를 내고 혈기를 부리는 것이 얼마나 부끄러운 일인지를 알게 되었다. 마음으로 화가 올라올 때 화가 겉으로 나가지 않도록 통제하고 싸우기 시작했다. 그 훈련의 결과로 지금은 다른 사람의 마음을 불편하게 할 여지가 있는 대화, 나의 입장을 우선시하는 말(화내지 않고 그냥 주고받는 대화)을 하고도 마음에 불편해서 사과하게 된다. 겉으로 드러나게 화를 낸 때는 언제인지 기억도 나지 않는다. 다른 이유가 아니다. 그런 것은 그리스도의 모습이 아니라고 말씀이 가르쳐 주었기 때문이다. 이제 분노, 다툼이 없으니 무척 평화로운 주 안에서 삶을 살고 있다.

도저히 끊을 수 없었던 죄에서 해방되었다. 명백한 죄이기 때문에 말씀을 만나면서 가장 먼저 끊었고, 또 끊어졌다. 과거 PC에, 노트북에, 스마트폰에 가득 채워져 있던 음란물들로 인해서 누가 나의 물건을 잠시라도 사용하는 것을 극도로 싫어했다. 잠금 장치로 나의 죄를 감췄고, 심지어 아내가 내 스마트폰을 잠시 써야 할 일이 있을 때도 혹여나 숨겨 놓은 나의 죄들이 들통날까 두려움에 떨었다. 그때는 정말 도저히 끊을 수 없을 것 같았는데, 악한 행실이 끊어지는 것은 말씀이 들어오니 너무 쉬웠고, 나아가 음란한 마음도 죄임을 배워 마음을 지키기 위해, 또 그런 악한 마음을 먹지 않기 위해 훈련을 계속하며 살았다. 지금도 계속해서 마음도 거룩하게 지키며 살고 있다. 물론 개인적으로 약한 부분이기 때문에 내면의 싸움이 지속되고 있지만, 점점 견고해짐을 느끼며 이제는 그 싸움에 큰 어려움을 느끼지 않는다.

말씀 없이 어리석은 적자 인생을 살면서 돈이 나의 주인이었고, 먹고 쓸 것도 항상 부족했기 때문에 주님께 드릴 것에 대해서도 항상 온전하지 못했다. 말씀이 들어오면서 물질에 대해 정직하지 못했던 삶의 태도들이 교정되고, 주님께 드려야 할 것에 대한 우선순위도 명확하게 확립되었다. 연고도 없고, 백그라운드도 없고, 학벌도 없는 나에게 말씀의 연단이 어느 정도 있은 후 직장을 주셔서 비로소 가장의 역할을 할 수 있었다(물론, 신실하신 하나님은 내게 직장을 주시기 전 아르바이트를 전전하는 기간에도 한 끼도 굶기시지 않았다. 오히려 이런저런 돕는 손길을 통해 잘 먹고 잘 살았다).

그렇게 직장 생활을 열심히 하던 중 복을 받아 교회 건축을 하는 우리 좋은밭교회를 향한 하나님의 계획을 알게 되면서 내 마음에 그 일에 동참하고 싶은 소원이 들어왔다. 당시에는 잘 몰랐지만 하나님께서 주신 마음이었고, 그 소원을 갖게 되면서 직장에서 하는 일을 개인 사업으로도 할 수 있겠다는 것이 보이기 시작했다. 그렇게 창업의 마음을 품게 되었다. 주님의 도우심으로 준비하게 하셨고, 지금은 다니던 직장에서 나와 사업을 시작하게 되었다. 직장에서 하던 일이 그대로 나의 사업이 되었고, 그 직장에 보내 주신 것도, 그곳에서 맡게 된 보직도 다 좋은밭교회를 향한 말씀의 계획과 그 계획에 따른 인도하심이었음을 고백하지 않을 수가 없다.

좋은밭교회 공동체는 목사님을 포함한 모두가 인생의 바닥을 친 후에 말씀의 능력을 경험하면서 회복되는 이들로만 채워져 있다. 모두가 나중 된 자로 부름을 받아 말씀으로 회복되고 있는 동병상련의 인생들이니 가릴 것이 전혀 없다. 오히려 더욱 낮은 자리에서 부름을 받은 것이 말씀의 능력을 더욱 뚜렷하게 나타낼 수 있으니 그 삶이 복되다고 하는 공동체이다. 그러니 내 모습을 포장할 필요가 전혀 없는 것이다.

그리고 모두 말씀 순종의 은혜를 입어서 그 결과로 삶의 구체적인 문제들이 해결되고 회복되어 가고, 지체에게 문제가 발생하고 근심이 발견되면 모두가 내 일처럼 함께 돕고, 우리 힘으로 할 수 없는 일은 목사님과 함께 기도하여 주님께서 해결해 주시는 것을 함께 경험하니 얼굴에서 근심을 찾아보기가 힘들다. 또 이런 말씀 순종의 은혜가 목사님을 통해 흘러옴을 알게 되니 목사님을 사랑하는 마음이 샘솟는다. 이런 사정이다 보니 우리 좋은밭교회는 말씀으로 이루어진 사랑으로 끈끈하게 결속되어 있고, 가족보다 더 가까운 가족이 되었다.

아직 많지 않은 나이지만 평생 살면서 이렇게 하나님과 친밀한 관계를 느끼며 살아갈 줄은 정말 꿈에도 몰랐다. 좋은밭교회에서 말씀의 은혜를 날마다 먹고 마시는 삶을 배웠고, 또 지속하는 법을 배워 순종하니 일상생활을 하는 중에도 성령께서 임재하심을 느끼며 주님과의 교제가 이어진다. 매일매일 말씀과 기도를 통해 주님과 깊은 교제로 얻는 은혜가 없으면 하루를 살아가는 것이 무척 힘들 정도로 주님을 사모하는 삶을 살게 되었다. 이러니 어찌 죄짓는 것을 꿈이나 꿀 수 있겠는가? 죄를 지어서 말씀을 몰랐던 과거로 돌아가는 건 절대로 생각할 수도 없는 끔찍한 일이다.

짧은 간증 글에 무너졌던 인생이 말씀으로 회복되는 얘기를 쓰다 보니 '회복' 그 자체에 초점이 맞춰질까 염려가 된다. 삶의 모습(물질 등)에서는 더욱 온전한 회복으로 인도받고 있는 과정이어서 아직 간증으로 담기에는 부족하지만, 이 회복이라는 결과는 아무것도 아니라는 것, '말씀'이 진짜 복이라는 것을 이미 가르쳐 주셨다. 그리고 좋은밭교회를 향한 주님의 계획과 우리에게 주시는 축복이 연결되어 있음을 가르쳐 주셨기 때문에 우리에게 주시는 축복은 우리의 것이 아니라 주님과 주님 교회의 것이라는 인식이 명확하다.

배운 대로 가르쳐 주시는 대로 평생 말씀 안에서 주님과 함께 주님의 교회 된 영혼들을 위해 주님이 주시는 복을 누리며 살아갈 것이다. 이 짧은 간증이 주님이 나에게 해 주신 수많은 일을 다 담아내기에는 턱없이 부족하고 말씀의 위대함을 표현하기에는 더욱 보잘것없다는 것을 알지만 나와 비슷한 처지에 있는 누군가를 말씀 앞에 나아가게 해 주는 징검다리가 되었으면 하는 바람이다. 오직 말씀, 예수 그리스도께만 영광을 돌린다.

간증 3
당신 죄부터 끊으세요! 최 집사

멀리 포천에서 인천까지 통장에 잔액이 4원인 채 이사 온 가정이 있다. 처음 만났을 때 아내 집사님이 꼭 살고 싶다며 먼저 상담을 요청해 왔다. 그때 남편 집사님은 하루도 술 없이는 살 수 없는 중독 상태였다. 금요 철야에서 은혜 받으면 기분 좋아 술을 찾을 정도였다. 그날도 새벽 4시까지 술을 마시다가 아내가 상담 받으러 간다고 하니 따라오게 된 남편이 처음 상담을 하다가 "먼저 자신의 죄부터 끊으라!"라는 나의 '돌직구'를 듣고 바로 술을 끊었고, 오늘도 좋은밭교회 기둥 같은 집사로 궂은일은 도맡아 하신다.

전깃불도 들어오지 않는 산골 마을에서 태어나 어떻게 교회에 가게 되었는지 기억나지 않습니다. 초등학교 2학년 무렵에 산을 두세 고개 넘고, 1시간 가량 걸어서 교회에 갔습니다. 새벽에 혼자 성탄절 예배에도 갔습니다. 그런데 중학생이 되면서 술 담배를 알고, 친구들과 싸우고, 공부와는 점점 멀어지고, 신앙을 잃어버렸습니다. 불량 모임을 만들어서 일명 돈을 뜯는 문제아로 낙인이 찍혀, 급기야 나와 어울린 친구들이 전학을 가야 하는 일까지 생겼습니다.

고등학교는 다닐 수 없었습니다. 사회에서 직장을 다니기는커녕 사고 치고 소년원에 들어가면서 죄에 대한 담대함만 더해지고 '조직'이라는 세상에 맛 들였습니다. 불법(카드깡, 양주 장사, 유흥업소)적인 일들로 돈을 벌었고, 교도소 신세를 지며 매일 쫓기는 삶이었으며, 술과 싸움이 반복되는 일상을 살다가 자동차 경주(car racing)를 접하면서 어두운 세상에서 조금씩 멀어질 수 있었습니다.

그러나 또 다른 문제가 찾아왔습니다. 한두 번 우승을 하면서 교만과 자만이 들어왔습니다. 우승하면 할수록 갈급함이 더 커지고, 더 높은 곳으로 가려는 교만도 더 커졌습니다. 그러면서 다시 불법적인 일들에 손을 대기 시작했고, 돈은 벌었지만 인생은 점점 더 죄로 물들어 갔습니다.

글로 표현할 수 없는 많은 죄를 지으며 살아갈 때 지금의 아내와 결혼하였지만, 여전히 죄 가운데 살면서 쫓기는 삶 불안한 인생을 살았습니다. 그렇게 아이가 태어나고 무책임한 아빠로 남편으로 살던 중, 교통사고와 차량 화재로 하루아침에 사경을 헤매고 빚더미에 앉게 되면서 이산가족이 되었습니다. 살 소망은 점점 없는데도 여전히 그 지긋지긋한 술과 세상 친구들은 끊어지지 않았습니다. 퇴원했을 때 남은 것은 만신창이가 된 몸과 엄청난 빚, 그리고 가족과의 이별뿐이었습니다. 절망 그 자체였습니다. 매일 술로 살다가 또 교도소에 가고 정말 소망이 없는 그런 삶이었습니다. 그러던 중 병이 깊어진 아내가 먼저 교회를 찾게 되었고, 저도 우여곡절 끝에 교회에 가게 되었습니다.

처음 교회에 갈 때도 만취 상태였는데 그날 바람같이 제게 임한 음성을 듣고 새 사람이 되어 보겠노라 다짐했지만 잠시뿐이었고, 술과 죄악들은 얼마 가지 않아 다시 고개를 쳐들고 은혜받았으니까 한 잔 해야지 하는 술 먹는 크리스천이 되었습니다.

가족과 형제를 다 전도해서 교회에 출석하게 되면서 다 함께 예배드리고 한 잔, 성경 1독 해서 한 잔, 송구영신 예배드리고 아침까지 부어라 마서라 술을 마시고, 술에 취해서 차량 운행, 술이 덜 깬 채 추수감사절 간증을 발표하다 혼자 시험 들기도 했습니다. 정말 엉망진창인 신앙생활이었습니다.

그래도 말씀이 갈급해서 목사님께 질문하면 성경 안에 다 있다는 미치고 펄쩍 뛰는 소리만 듣게 되니 말씀에 대한 갈급함은 해결되질 않았습니다. 급기야 술이 덜 깬 채 맨 앞자리에서 예배 시간에 코를 골다가 앞가리개를 발로 차서 넘어뜨릴 뻔하기도 했습니다. 어떤 부흥회에서는 사이비 목사를 만나 돈도 뜯기고 이단 집회에 갔다가 사기를 치는 것도 목격했습니다. 교회 안에서 시기하고 따돌리는 것을 보면서 점점 회의와 의심만이 쌓여 가고, 설상가상 아내는 점점 마음의 병이 깊어져서 교회 생활이 힘들어질 때쯤 좋은밭교회 이동복 목사님을 통해 말씀을 만났습니다.

목사님의 설교를 들으며 울고 웃으며 다시 살아나는 아내를 향해 어떻게 교회 성도가 다른 목사님의 설교를 들을 수 있냐며 윽박질렀고, 급기야 십일조를 그 교회에 드리겠다는 말에 이혼하자고 폭언을 했습니다. 그러던 어느 날 목사님께 화분 받침대를 가져다주게 되었고, 마침 상담 한번 받아 보자는 아내의 지혜에 속아서(?) 목사님을 만났는데, 그날도 어김없이 새벽까지 술을 마신 상태였습니다. 그런데 왜 눈물이 핑 돌았는지 모르겠습니다.

그날 목사님께서 '무엇을 하려고 하지 말고 네 죄부터 끊어라'라는 그 말씀이 너무나 멋졌습니다. 어떻게 그런 말을 할까 라는 생각이 들었는데, 목사님은 정말 그런 분 같았습니다.

그날부터 말씀을 듣게 되었고, 그 뒤로 수요 예배 때 온몸이 감전된 것처럼 찌릿찌릿했고, 감동했습니다. 예배 내내 대박! 진짜 말씀으로 설교 하셨습니다. 그날 이후, 2016년 7월 17일 주일 좋은밭교회의 성도가 되었습니다.

  목사님과 상담만으로 술에서 해방되고 밥상을 엎는 성질도 고쳐 가고 있습니다. 아내와의 회복, 자녀들과의 회복, 사고에서 구상권 청구로 이어진 신용불량이 회복 단계이고, 건강보험도 없이 살았는데 이제는 보험 혜택도 받게 되었습니다. 방 네 개 화장실 세 개인 집으로 이사해서 행복하게 잘 살고 있습니다. 가장 큰 감사는 말씀을 만나 변화되고, 목사님은 물론 좋은밭교회 가족들, 무엇보다 예수 그리스도를 만나게 해 주신 것입니다. 이제는 말씀이 궁금하면 주석과 원어도 찾아보게 되었습니다.

  지금껏 제가 쓰던 볼펜 잉크가 닳았던 적이 없었습니다. 공부를 이렇게 한 적이 없던 사람입니다. 그런데 지금은 말씀 묵상으로 말씀에 줄을 긋고 묵상 글을 적느라 볼펜심이 몇 개가 닳았는지 모릅니다. 이렇게 말씀으로 오신 예수 그리스도를 아는 복을 받았으니 받은 복을 나누는 그리스도의 제자로 살겠습니다. 살려 주시려고 불러 주시고 나와 우리 가정을 회복시켜 주신 하나님, 감사합니다. 죽었다가 다시 살아난 사람의 말이 가장 확실합니다. 말씀 사랑하세요! 알아야 믿을 수 있습니다.

간증 4
그대 이름은 욥

안 집사

안 집사 부부가 자녀 문제로 상담을 받은 적이 있다. 이 부부는 욥 같은 분들이다. 남이 보기엔 흠잡을 데 없이 성실하게 교회에 충성하면서 살아가셨는데, 마치 우리 교회로 부르시기 위해 고난을 허락하신 것만 같았다. 그러나 말씀 없이 교회만 다니는 전형적인 모습이었고, 역시 말씀을 만나야 제대로 된 신앙인이 된다는 것을 알 수 있었다. 자녀 문제와 믿음 없음의 문제들을 해결 받으면서 더 튼튼한 그리스도의 제자로 훈련받고 있다.

몽당연필조차 끼워서 쓰던 어린 시절, 연필 두 자루와 공책 한 권이 탐나서 초등학교 2학년 때 처음 교회에 가게 되었습니다.

3학년 여름방학 때 고종사촌들과 바위산 중턱의 고인 물에서 놀다가 이끼에 미끄러져 15m 아래로 떨어지기 직전, 무엇인지 알지 못하는 것이 손에 걸려 그것을 잡고 고종사촌들의 도움으로 위기에서 벗어날 수 있었습니다.

그 일을 겪은 이후에 학교에 가면 원인을 알 수 없는 고열로 조퇴하고, 병원에서 처방한 약을 먹고 꿈속에서 쫓기는 악몽에 시달리면서 출석과 결석 또 고열로 조퇴하는 일의 반복이었습니다. 초등학교 6학년 여름방학 때까지 이 같은 상황이어서 학교생활을 제대로 한 적이 없고, 악몽(늘 똑같은 꿈), 알에서 깨어나지 못한 느낌, 하늘을 보면 그 너머 세계를 궁금해 하곤 했습니다.

20살이 되던 해, 근무하던 회사에서 경기도 대성리로 야유회를 가게 되었고 이곳에서 만난 분들을 통하여 교회에 출석했습니다. 2개월 후 청년부 수련회에 참석하게 되었고, 마지막 날 기도회에서 하염없이 흐르는 눈물, 엄마의 따스한 품에 안긴 포근함과 마음의 평안함을 경험한 이후 매일 교회 지하에서 예수님이 믿어지게 해 달라고 기도하였습니다.

그런데 청년부 회장으로 봉사하던 해, 목사님의 사생활로 시험에 들게 된 저는 부모님을 전도한다는 핑계로 임기를 2개월 남겨 두고 집에서 가까운 교회로 옮겼고, 심방 오신 전도사님의 소개로 아내와 결혼하여 첫아이를 얻었습니다.

1993년, 회사가 안산으로 이사하면서 우리 가정도 이사하여 안산○○교회로 옮겼고, 둘째 아이가 태어났습니다. 회사는 IMF가 큰 기회(수출하던 ITEM이 환율 변동으로 2배가 남는 이익)가 되어 개발실이 연구소로 개편되면서 2팀장으로 승진하였고, 해외 출장이 빈번했습니다.

그러던 중 평생 같이 가자던 사장님과 16년간 근무한 회사에 경영 고문이 오면서 회사 운영을 가족 체계로 변경하였고, 그것이 나에게 위기가 되었습니다. 그즈음 좀 더 큰 회사에서 근무하고 싶어 창원으로 이직하였으나 믿음 생활을 제대로 할 수 없어서 근무한 지 14개월 만에 다시 안산으로 돌아왔고, 다시 옮긴 회사에서는 1년 만에 실직하게 되었습니다. 실직 후 2개월 동안 아내에게 실직 사실을 숨기고, 거래 업체의 도움으로 금형 부품 사업을 시작하였습니다.

사업이 급격하게 번창하자 이것이 나에 대한 하나님의 계획이라 믿었고, 신보에서 꽤 많은 운영 자금을 융자받다 보니 그 자금(나중에 나를 옥죄는 것이 되지만)으로 부족함 없이 지낼 수 있었습니다. 그동안 시간을 내지 못했던 교회 연합회 일, 지역장을 하면서 마음껏 하나님께 봉사할 수 있음에 감사했습니다.

  노회, 총회 교회학교, 남전도연합회 등 많은 일을 하게 되자 교계 어른들, 담임목사님과 가까이 지내게 되었습니다. 교회 안의 잘 정리되지 못한 행정도 그간 회사에서 쌓은 실력으로 절차를 만들고 교구 지역장의 일과 새가족부 팀장, 아비지학교, 총 남전도연합회의 회장을 역임하면서 교회 내에서 나를 모르면 ○○교회 교인이 아니라는 유명 인사가 되었습니다. 이후 나는 남을 정죄하는 일에 동참하게 되었고 교구 목사님을 보호한다는 미명 아래 교구 목사님에게 요구하는 것이 많아졌으며 그런 것들이 하나님의 교회를 건강하게 하고 아름답게 만드는 것이라는 착각을 하며 살았습니다.

  그러던 중 잘나가던 사업은 부품 공급 업체의 사장이 제가 납품하던 회사에서 언쟁을 벌인 일로 타격을 받게 된 이후 급격한 매출 감소로 이어졌고, 집을 팔아서 물건 값을 정산할 지경에 놓였습니다. 이것저것 다른 사업을 찾던 중 잘 알지도 못하는 사람의 연대 보증을 잘못 서게 되면서 대부업체 직원들이 집으로 찾아오는 통에 가족들에게 힘든 상황들이 발생했고, 새치가 없던 머리가 그만 하얗게 되었습니다.

  설상가상으로 군복무 후 대학에 복학한 첫째 아이가 쓰러지는 일이 생겼습니다. 병원에서는 병명을 알 수 없다고 했고, 아내는 다급한 마음에 예전에 진해 교회에서 만났던 이동복 목사님께 가자고 했습니다. 2015년 10월, 상담 받던 날에 큰 충격을 받았습니다. 평생 믿어 온 예수님을 안다고 생각했는데 아예 모르고 있었던 것입니다.

　주일 오후 예배에 참석하다가, 좋은밭교회는 2016년 1월 첫 주에 등록하고 요한복음 파워하우스에 참여하여 "그 속에서 영생하도록 솟아난 샘물"이 말씀으로 오신 예수 그리스도임을 배우고 나 자신이 사마리아 여인임을 고백하였습니다. 그리고 아내에게 청라로 이사하자고 해서 2016년 5월에 교회 근처로 이사했습니다.

　청산하지 못한 빚은 개인 회생을 통하여 감면받고 5년간 나누어 내는 것으로 해결했습니다. 36년간 믿음 생활하면서 잘못 맞추어진 퍼즐은 개인 묵상과 파워하우스를 통하여 내가 왜 욥인지, 바리새인이라고 하는지 나의 정체성을 찾아가는 중입니다.

　지금은 그동안의 신앙생활이 나의 의로 가득 차 있었고, 내가 얼마나 악한 사람인지를 깨닫고, 하나님이 누구이신지 전능함의 크기가 얼마나 큰지를 알아 가고 있습니다. 또한 믿음은 말씀 없는 맹목적 봉사와 헌신이 아니고 말씀 안에서 그분을 닮아 가고, 그분께 영광 올려 드리는 것이라는 것을 알게 되었습니다. 또한 목자를 보내심은 나를 향한 하나님의 사랑이라는 것과 그 목자를 통하여 나를 축복하기 원하신다는 것, 나 자신이 더욱더 작아져 없어져야 함을 매일 말씀 묵상을 통해 깨닫고 있습니다. 하나님이 주신 '보케르' 이 기업을 통하여 내 안에 그려 주신 주님의 성전과 이동복 목사님의 말씀 사역을 도와 하나님의 계획을 이루어 가며 살아가는 자로 쓰임받고 싶습니다.

간증 5
상 받는 신앙

윤 권사

> 부산 극동방송에서 1년 정도 아침 방송을 진행한 적이 있었는데 그때 '만학도'란 닉네임으로 자주 문자 사연을 보내오던 분이었다. 이분에게도 넘지 못할 산 같은 문제가 있었는데 하나밖에 없는 아들 문제였다. 아이가 게임만 하고 대학 갈 생각은커녕 자살 생각도 하고 방안에만 있다며 상담 요청을 하게 되면서 말씀을 만나게 된 것이다.
> "믿음이 없이는 하나님을 기쁘시게 하지 못하나니 하나님께 나아가는 자는 반드시 그가 계신 것과 또한 그가 자기를 찾는 자들에게 상 주시는 이심을 믿어야 할지니라"(히브리서 11:6)
> 이 성경 구절과 일치하는 신앙이 아마 이분을 두고 하는 말씀일 것이다.

경남 함안, 예배당, 성당, 절, 점집 한 개씩 있는 면 소재지에서 나고 자라면서 그저 친구 만나고, 노래 부르고, 성탄절에 과자 먹는 것이 좋아서 다녔던 예배당이었는데, 그런 모습이 기독교인인 줄 알고 성인이 될 때까지 살았습니다.

뜨거움도, 갈급함도 없으니 재미 삼아 점도 보고, 역학도 철학의 일부라며 철학관도 가 보았던 젊은 시절, 말씀을 전혀 몰랐으니 믿지 않는 남편과 결혼 결심을 하게 되었고, 시부모님을 만났습니다. 시부모님과의 첫 대면에서 '우리는 불교다. 니는 기독교라며 어쩔래? 시집 가풍을 따를래, 말래?'라며 네 번이나 묻는 바람에 시댁 가풍을 따르겠다고 하며 결혼했습니다.

아이를 낳고, 다니던 직장도 그만두고, 부산으로 오기 전까지 교회에 가지도 않으면서 그럭저럭 지내 왔습니다. 무슨 일이든 열정적이었고, 자신감 있게 직장을 다녔으니 콧대 높다고 했을 것입니다. 교만이 많았습니다. 나름 갈고 닦아 터 잡고 살던 서울을 떠나서 부산 생활은 더 나을 줄 알았습니다. 그러나 힘들었습니다. 가까워진 시집과 친정 사이, 믿지 않는 남편은 저의 바람막이가 되지 않았고, 큰집과의 차별 대우, 제사 문제, 자녀의 사춘기 문제 등 안 터지는 것이 없었습니다.

부부 사이를 포함한 모든 문제를 뒤로하고 자녀와 신앙 문제가 저를 괴롭혔습니다. 몰래 교회에 가다가 시어머님께 바람났다고 오해를 받기도 했고, 오해가 풀린 후(지금 생각해 보면, 창세기의 아브라함을 떠난 롯의 모습이 저의 모습이었어요) 저 혼자 교회에서 찬양 봉사, 말씀 공부반, 사역반, 새벽기도 등 주일 하루는 온종일 교회에 있었습니다.

열심히 봉사하면 하늘을 감동시켜 나의 기도를 들어주실 거라는 믿음이 아닌 신념으로, 나 이런 여자야, 엄마야, 며느리야, 아내의 노릇도 잘하는 사람으로, 40대 후반엔 대학에 편입하여 만학도로 죽을힘을 다하여 공부까지 했습니다(만만찮은 시부모님의 눈에 칭찬받으려고요). 그러나 외동아들이 때늦은 사춘기와 입시 실패로 불안한 심리 상태를 드러내기 시작했습니다. 나는 목회자 심리상담 목사님을 알아보기 시작했습니다.

마지막 방법으로 만학도 시절 즐겨 듣던 극동방송의 진행자인 청소년 상담 전문 목사님을 찾아가게 되었습니다. 바로 이동복 목사님입니다. 목사님과 극적으로 만나게 해 주신 하나님의 역사하심이 기적입니다. 목사님께서 부산을 떠나기 열흘 전에 만남이 이루어졌고, 그 후 아들은 서울에서 재수하며 좋은밭교회의 말씀 묵상 예배에 참석하게 되었습니다. 은혜를 체험한 아들은 십자가 캠프 스텝으로 봉사하며 말씀에 눈을 뜨고 있습니다.

말씀 묵상을 시작하면서 시댁의 제사상에 절하지 않겠다고 선포하여 투명인간 취급은 물론 집안 행사에 전혀 참석하지 못하고, 남편과의 이혼 위기까지 겪었지만, 주님이 우리에게 우리 가정의 영혼들을 살려야 할 사명이 있음을 알게 하셨습니다. 저 자신도 사랑하지 못한 자가 어찌 사랑을 알며 어찌 사랑하겠습니까? 좋은밭교회에서 조금 떨어져 있음에도 말씀밥을 받아먹으며 말씀 안에서의 사랑을 닮아 가고자 합니다. 말씀을 통하여 나의 아집과 편견, 잘못된 열심, 비나이다 신앙, 내가 우상인 것을 알았고 세상의 잣대로 남편과 아들을 지적하며, 말씀의 온유함과 관용은 꽁꽁 싸매 두고 남 탓만 하던 내 모습을 보게 하였습니다.

고린도전서 사랑 장을 묵상하며, 세상 사람들과 똑같이 이성적인 사랑만 받으려고만 했던 모습을 보았습니다. 그냥 봐 주는 사랑, 인정해 주는 사랑, 내 방법만 옳다고 하는 것이 아닌 세상적이고 도덕적인 것에 맞추는 눈이 아닌 말씀에 정확한 기준을 둔 눈으로 나를 보고 상대를 봐야 하는데 안 보였습니다. 말씀을 사랑하여 믿음에 한 발 더 나아가고 싶습니다. 그리스도의 사랑을 알고 그리스도의 사랑을 하고 싶습니다.

이렇게 말씀을 묵상하면서 주님의 큰 은혜를 입었음을 알게 되었습니다. 말씀이 얼마나 큰지 여전히 모르지만, 말씀을 바로 알 수 있다는 것이 큰 은혜이고 축복입니다. 감사합니다.

간증 6

내 잔을 채우소서

김 집사

예수님의 비유 중에서 극히 값진 진주 하나를 발견하매 가서 자기의 소유를 다 팔아 그 진주를 사는 진주 장사의 비유가 나온다. 밭에 감추인 보화를 발견하고 그 밭을 사는 사람이 우리라면 상대적으로 주님도 이렇게 천국을 알아보고 천국을 사모하는 사람을 얻고 싶지 않을까? 이 가정의 가족들은 정말 죽음 가운데서 사는 것과 같았지만, 김 집사님 부부는 마치 주님께서 그토록 찾고 싶으신 값진 진주 같은 성도일 것이다.

2018년 3월, 말씀 컨퍼런스를 통해 좋은밭교회에 왔습니다. 정신없는 모습으로 와서 시작부터 마치는 시간까지 멈추지 않는 눈물을 닦던 그날을 생생하게 기억합니다. 저의 가족은 ○○교회를 다니면서 나름 신앙생활을 잘하고 있다고 생각하면서 온 가족이 나름대로 교회에 충성하고 있었습니다.

큰 아이가 고3이 될 무렵까지 남편은 남편대로 열심히 봉사하고, 저와 아이들은 성가대로 임원 반으로 정말 한 주도 빠지지 않고 주일은 반드시 예배드리고 봉사하는 생활을 했습니다. 그런데 그 시간을 보내면서 제 마음은 서서히 병들고 있었습니다. 아이들도 남편도 메말라 가고 있었습니다. 남편의 사업은 오르내리기를 반복하면서 지쳐 가고 있었으며 그런 남편을 저는 무모한 믿음으로 쪼아 대고 있었습니다. 제 마음은 불평, 불만으로 계속 곪아 가는, 그래서 터질 수밖에 없는 출구 없는 신앙생활에 지쳐 가고 있었습니다.

　이런 계기는 친정 식구들과의 불화 속에서 시작되었습니다. 저희 형부가 ○○교회 부목사였는데 60세에 개척하게 되었습니다. 물론 그전부터 표면적 가족 관계였지 마음으로 정을 나누는 그런 친밀함이 없었습니다. 만나면 말로 상처받는 그래서 만날 때마다 마음의 준비를 해야 하는 그런 관계였습니다. 항상 저희에게 똑바로 신앙생활을 하라고, 잘못하니까 복을 못 받는 거 아니냐고 했습니다. 가족이니까 안타까워서 그러신다고 생각했지만 끊임없이 찌르는 말은 저를 아프게 했습니다. 그런데 개척 후 저희를 창립 멤버로 오라고 하는데 차마 발이 떨어지지 않았습니다. 개척 교회를 섬기면 하나님의 큰 복을 받게 될 것이라고 했지만 만날 때마다 무서운 마음이 생기기 시작하였고 그 마음은 계속 커졌습니다.

　그래서 수요 예배, 전도, 목요기도회 출석은 형부 교회로 했지만 주일 예배는 원래 다니는 교회로 했습니다. 형부에게는 이런 저희 가족의 모습이 불순종의 모습이었습니다. 속으로 곪아 가고 있었죠. 그러던 어느 날 2015년 추수감사절 주일 형부는 저희 부부에게 말씀을 주셨습니다. 에스더 4장 14절이었습니다. "이때에 네가 만일 잠잠하여 말이 없으면 유대인은 다른 데로 말미암아 놓임과 구원을 얻으려니와 너와 네 아버지 집은 멸망하리라 네가 왕후의 자리를 얻은 것이 이때를 위함이 아닌지 누가 알겠느냐 하니" 이 말씀을 받은 날로부터 사로잡힘과 눌림이 시작되었습니다. 내가 형부의 교회로 가지 않았으니 이제 죽겠구나! 계속 멸망하리라 이 말씀이 떠나질 않았습니다. 눈을 감아도 생각나고 잠을 자도 죽는다는 꿈을 꾸고 속으로 끙끙 앓는 아픔이 깊어 가는 날들이 계속되었습니다. 주신 말씀에 순종하지 못했으니 불순종의 죄로 이제 죽게 되겠구나 하며 2년이 넘는 날을 두려움과 불안함으로 내 자신을 죽이고 있었습니다. 병원을 모르던 몸이 여기저기 안 아픈 곳이 없고 가슴에 문제가 생겨 주기적으로 병원에 다니게 되었으며 3개월 동안 계속되는 자궁 출혈로 수술을 받기도 하고 몸 상태가 계속 나빠졌습니다. 정말 다시 돌아가고 싶지 않은 과거입니다.

그렇게 2017년 겨울을 보내고 있을 때 좋은밭교회의 말씀 컨퍼런스 소식을 접하게 되었습니다. 한 번도 타 교회에 가거나 타 교회의 집회에 가본 적이 없고, 타 교회 목사님의 말씀도 듣지 않고 오직 ○○교회 목사님의 말씀만 듣는 저였는데 이 말씀 컨퍼런스에 대해서 광고하시는 것을 보게 된 것이죠.

그런데 마음에서 말씀 컨퍼런스가 계속 생각이 나고 떠나지 않았습니다. 왠지 가고 싶었습니다. 아무 생각 없이 '누가 나 좀 도와줘 제발 좀 도와줘 살려 줘'라는 심정으로 좋은밭교회로 정말 정신없이 달려왔습니다. 말씀 컨퍼런스 내내 흐르는 눈물을 멈출 수 없었습니다. 그 시간을 마치고 목사님께 기도를 받았는데 머리에서 발끝까지 기쁨이라고는 한 조각도 없는 상태라며 말씀해 주셨습니다. 어떻게 이렇게 살고 있냐고 하실 때 눈물만 흘렀습니다. 아무도 이런 내 마음을 몰랐는데 내 상태를 어떻게 아셨을까? 꽉 찬 압력이 빠지는 듯 뚫리는 듯한 느낌이 들었습니다.

그날 알게 되었습니다. 예배 때마다 들고 가고, 목사님 설교 시간마다 펼쳐서 읽고, 보고, 무섭고 두려울 땐 심지어 베고 자기도 했던 이 성경이 바로 말씀이고, 하나님, 예수 그리스도이심을요. 그냥 성경 말씀이라고 생각하고 읽었는데 생명과 빛이라니! 신기하게도 좋은밭교회에 오면 마음이 편안하고 즐겁고 집에 돌아가면 자꾸 생각나고 희한하게 여기 오고 싶다는 마음이 생겨났습니다. 남편에게 아이들에게 어떻게 말하지? 고민이 되면서도 묻어 둘 수 없고 외면할 수 없는 간절한 마음이 생겼습니다.

그대로 기도했습니다. 간절하게 이곳으로 옮겨 주세요. 도와주세요. 남편과 아이들 우리를 살려 주세요. 정말 이렇게 기도했습니다. 묵상하고 또 기도했습니다. 고3인 딸의 처지를 아뢰고 나의 상태를 고백하면서 '온 가족이 거부하지 않고 미루지 않고 말씀 안으로 들어올 수 있도록 제발 도와주세요.'라는 기도만 했습니다. 그런데 신기하게 우리 가족을 기도대로 인도해 주셨습니다. 저와 아이들이 먼저 나왔고 두 달 뒤 남편까지 출석하게 되었습니다. 그렇게 우리 가족은 2018년 6월에 좋은밭 말씀 공동체의 한 가족이 되었습니다.

주님은 기도 제목을 하나하나 이루어 주셨습니다. 먼저 질병을 고쳐 주셨습니다. 남편 치아의 뿌리가 거의 녹아내렸는데 다시 고기를 씹을 수 있고, 내 몸도, 심지어 아들의 평발까지 고쳐 주셨습니다. 또한 가족의 마음이 평안으로 물들기 시작했습니다. 서로를 인정하고 서로의 말을 끝까지 들어주며 이해하고 서로를 기뻐하게 되었습니다. 말씀 안에 있으니 염려가 사라지고, 일 중독자로 일 없으면 불안하고 초조해 하며 자신을 달달 볶던 남편이 규칙적으로 성전에서 묵상과 기도 시간을 갖고 주님 앞에 머무르는 시간이 길어지고 있습니다. 그 뿐만이 아닙니다. 언니, 형부와의 관계도 지혜를 주시고 담대함을 주셔서 불편했던 관계가 이전과는 다른 모습으로 자라고 있습니다. 마지막으로 8개월 동안 파주에서 청라를 오가며 다녔는데 청라로 이사하게 하셨습니다.

나는 약한 줄 알았고, 불쌍한 줄 알았고, 환경이 나빴어! 이런 줄 알았는데 말씀으로 내 속을 조명하게 되었고, 내 안에 살인, 탐심, 시기, 질투, 욕심, 세상 즐거움, 이기고 싶은 마음 등. 가면 쓰고 있는 거짓된 것들이 있는 것이었습니다. 육신의 아픔과는 또 다른 괴로운 내면의 고통이 다시 시작되었습니다. 마음이 구부러지고 삐뚤어지고 패이고 끊어진 험한 모습이 말씀 안에서 발견되고 있음을 고백하지 않을 수 없었습니다.

나의 내면을 보여주는 신비한 거울입니다. 그러나 모멸감과 수치심으로 벌거벗기지 않습니다. 내 안에 무너진 것들을 자기 부인으로 하나씩 하나씩 천천히 그러나 정확하게 회복시켜 주셨습니다.

이런 말씀을 계속 알고 깨닫기를 원합니다. 그리고 계속 순종하기를 원합니다. 말씀을 알아 가면 알아 갈수록 예수 그리스도 말씀의 비밀, 사망에서 건져 주시고 생명의 말씀 자리에 앉혀 주신 은혜를 잊지 않길 원합니다. 묵상집이 바뀔 때마다 좋은밭교회로 달려왔던 저의 첫 모습, 티끌이며, 먼지, 허수아비였던 그 상태를 기록하며 기억합니다. 모든 영광을 예수 그리스도께 올려 드립니다.

간증 7
비슷한 예수

원 집사

성장 과정에서 아버지에게 사랑을 받지 못하고 폭력을 경험한 분들의 공통점은 하나님이 아버지라는 사실에 거부감을 가진다. 원 집사님도 그런 가정에서 장녀로 컸다. 눈앞에서 엄마가 아버지의 폭력으로 무너지는 모습을 보며 자라다 보니 아버지에 대한 상이 부정적으로 자리 잡은 건 당연한 일일 것이다. 그로 인해 사람과의 관계 속에서와 자녀들을 양육하는 과정에서 그런 상처들이 그대로 남아 가족과 자신에게 상처가 되는 일들이 많았다. 이런 상황에서 좋은밭교회로 오신 분이다.

    28살부터 40살까지 한 교회를 다녔습니다. 그곳이 저의 첫 등록 교회였고 첫 신앙생활을 시작한 곳이었기에 뼈를 묻어야 한다는 정신으로 다녔습니다. 그런데 문제는 교회에 다니면서 두 날개 시스템 양육과 제자훈련을 받으면 믿음이 생긴다기에 배우고 졸업도 했고 주님은 새벽에 만나 주시고 기도를 통장에 돈을 모으듯이 쌓아야 한다기에 진짜 목숨 걸고 새벽을 쌓았고, 있는 힘을 다해 큰소리로 기도했지만 제 마음의 불편함은 해결되지 않았습니다.

    솔직히 믿음이란 것도 생기지 않았다는 것을 인지하고 있었습니다. 진짜 맹목적으로 목사님이 하라는 대로 하는 것이 믿음이요 하나님께 복을 받는 법이라고 생각하고 배웠습니다.

    그런데 마음에서 용납되지 않는 것들이 있었습니다. 목회자의 언행 불

일치와 물질 심음의 중요성, 끝나지 않는 건축에 관한 얘기, 땅, 돈, 그러면서 목회자를 신성화하는 것들, 출애굽의 모세에게 대항했던 미리암에 대해서 말씀하시면서 하나님의 종에 대한 조건 없는 복종과 뒤에서라도 목사님에 대해서 욕하면 하나님께서 다 알게 하시고 벌을 받는다는 그런 것들이었습니다. 그래서 전 목사님 내외분에게 하나님께서 저의 일거수일투족을 다 알려 주시는 줄 알았고 항상 무서웠습니다. 너무 싫었고 부당했지만, 그것이 신앙생활인 줄 알고 살면서 어느 순간 나는 왜 이럴까 생각했습니다.

어린 시절 저희 가정은 시도 때도 없이 들어와서 폭언 폭력을 일삼고 가장의 의무와 책임감은 없으나 권리만을 찾던 육신의 아버지로 인해 가정폭력의 완전체인 곳이었습니다. 밤잠 한번 편하게 자는 것이 저의 작은 소망이었을 정도로 평안하고는 정반대의 삶을 살면서 지도자에 대한 반감과 거부감이 뼛속 깊이 자리를 잡고 있었습니다. 그렇게 아무것도 모르고 갈 곳이 없어 찾아갔던 교회에서 만난 하나님의 모습은 역시 언행 불일치, 부당함, 내 것을 먼저 주어야만 사랑받고 인정받는 곳, 정말이지 육신의 아버지나 교회의 목사님이나 하나님이나 모두가 자꾸만 가난한 나에게 돈만 요구하시는 것 같았습니다.

어느 날은 성경책을 아무리 봐도 믿음이 생기지 않아서 고민 하다가 그들이 말하는 예수님이 누군지 또 천국은 진짜 있는지 어떻게 확신을 할 수 있는지 궁금해져서 고민 끝에 사모님에게 물어봤더니 사모님은 "예수님? 음... 너무나 좋으신 분이지요. 구원의 확신이 없어요? 왜? 천국은 성경에 보면 나와 있잖아요." 그 이상의 대답은 들을 수 없었고 '사모님은 나에게는 안 가르쳐 주고 자기만 누리고 있지?'라는 생각까지 들었습니다.

성경에도 목사님도 주일 예배는 기본이고 꼭 지켜야 한다고 하셔서 주일은 꼭 지키고는 있었지만 무슨 의미가 있는 것인지 그리고 어떻게 해야 좋은 엄마로 살 수 있는 것이지…. 또 난 이 땅에 왜 살아가는 것이고 어떻게 해야 하나님을 믿을 수 있고 사랑할 수 있고(사랑하는 것은 그의 계명을 지키는 것이라는 것을 성경을 봐서 문자적으로 알고는 있었지만) 하나님이 원하시는 예배는 무엇이고 삶은 무엇인지에 대해서 너무나 궁금했고 답답했지만, 어디에서도 속 시원한 답을 들을 수가 없었습니다.

교회 안에서 소위 믿음이 좋다는 분들에게 물어보면 오히려 생각이 많아서 힘들겠다 라는 핀잔이나 들으며 저는 점점 이상한 사람 순종하지 못하는 강하고 거친 사람으로 인지 되어 가고 있었고 저의 삶과 마음은 교회 다니지 않는 사람들보다 더 불행하고 어두울 뿐이었습니다.

그러던 중 뼈를 묻어야 하는 곳인 줄 알았던 그 교회에서 나와도 벌을 받지 않는다는 것을 알게 되어 그곳을 나와서 이번에는 성도 수 2만여 명이 되는 교회로 옮겨 보았으나 그곳 또한 별반 다를 것 없고 행정적으로 잘 다듬어진 목사님의 목회 스타일에 잘 따르는 것이 곧 하나님이 원하시는 예배자의 삶이라는 것을 알게 되면서 전 가능하면 일요일에 스케줄을 만들어 양심의 가책을 덜 느끼면서 교회에서 멀어지는 삶을 사는 것이 더 현명하다는 생각을 갖기 시작했습니다.

그즈음 좋은밭교회 '커피 브레이크'라는 시간에 초대받아 말씀을 나누면서 말씀을 가지고 얘기를 할 수 있는 곳이 있고 사람들이 있다는 것에 깜짝 놀랐고 예전에 강해하셨던 마태복음을 들으면서 설교 내용이 귓속에 들려지는 특이한 경험을 하게 되었습니다. 더 신기한 것은 같은 말씀을 하루에 네 번 다섯 번 들어도 즐겁고 재밌었고 또 지난 10여 년간 새벽을 깨우며 간구하고 원했으나 끊지 못했던 술을 끊게 되었습니다.

그렇게 두 번째 몸담고 있던 교회를 떠나 2017년 12월 31일 주일에 좋은밭교회로 왔습니다. 예배 시간마다 쏟아지는 말씀들이 기가 막혔습니다. 확신을 갖고 힘 있게 외치시는 말씀은 너무 좋았고 속이 시원했습니다. 또한 말씀이 예수님이고 하나님이시며 말씀 파워하우스 시간에 배운 마태복음을 통해서는 하나님이 무엇을 말씀하시고 무엇을 보시는지 그것은 착하고 좋은 마음이라는 것을 알게 되었습니다. 겉으로 표현되고 각자가 쏟아 내는 그럴듯한 말들을 다 꿰뚫어 마음을 보신다는 것을 배우면서 깜짝 놀랐습니다.

그러나, 때마다 말씀을 듣고 배우며 하나님의 일이란 많은 종교 행위들을 하는 것이 아니고 하나님이 보내신 아들 예수를 알고 그 이름을 믿는 것이라는 것과 또 예수님은 나를 나의 죄 가운데서 구원해 주시려고 오셨다는 것, 믿음은 그분을 정확하게 배우고 정확하게 알아야 믿을 수 있다는 것을 알게 되었습니다. 차츰차츰 마음에 안정이 찾아오고 예배 시간이 즐거워졌습니다.

지식적으로 배운 예수 그리스도 그 이름의 권세를 경험하는 일이 생겼습니다. 친정 엄마가 20여 년 전에 가정폭력으로 왼쪽 귀 고막이 터졌었는데 병원에 갈 형편이 안 돼서 방치하고 살던 끝에 보청기를 써야 하는 상황이 왔습니다. 장애 등급을 받을 수도 있는 상태였습니다. 한쪽 귀가 청력을 잃으면 멀쩡한 귀까지 청력이 떨어지는 것이어서 다친 귀는 보청기를 껴도 청력 회복에는 전혀 도움이 안 되고 다른 쪽 귀의 청력을 도와주는 정도의 기능을 할 수 있다는 것이었습니다. 너무나 가슴이 아팠고 배우고 있는 말씀 하나님을 생각하며 목사님께 말씀 드렸더니 쾌히 기도해 주셨습니다. 기도는 요란하지도 대단하지도 않았습니다. 그냥 주일 오전 예배 후 시끌시끌한 예배당 한 켠에서 엄마의 귀와 머리에 손을 대고 조용히 주님께 아뢰고 예수 그리스도의 이름으로 명령하시는 것이었습니다. 기도 받고 한 주 두 주 보내던 중 엄마랑 전화 통화를 하는데 어느 순간부터 작은 목소리로 얘기를 주고받는 것을 깨달았습니다(기도 받기 전에는 엄마랑 차 안에서든 전화로든 크게 소리 지르며 말하고 못 알아듣는다고 짜증내고 했었거든요). 예수님은 자신의 일하심을 드러나지 않게 하신다고 배웠는데 정말 그러셨습니다.

    말씀이 들려지는 요즘에 들어서야 내가 어떤 곳에서 어떤 삶을 살았는지 철저히 피해자인 줄로만 알고 살았는데 피해자이면서 가해자요 살인자의 삶을 산 죄인이며 죽음을 내 친구처럼 곁에 두고 음란, 거짓, 탐욕, 교만, 시기, 질투를 내 피부처럼 친밀하게 구별하지 못하고 살았음을 알게 되었습니다.

    내가 정말 주님께서 말씀하신 상한 갈대요 꺼져가는 심지요 우물 안에 갇혀서 그곳에서 보이는 하늘이 세상의 다인 줄 알고 스스로 무능하고 악한 왕 노릇을 한 자임을 깨달았습니다. 당연히 이젠 하나님 앞에서 대들고 흥분하며 억울해 소리치던 것이 얼마나 악했는지에 대해서 죄송하고 부끄럽고 오히려 내가 얼마나 사랑받는 자인지 초대받은 자인지에 대해 감사와 죄송함의 눈물이 흐를 뿐입니다(이전의 눈물은 내 서러움, 연민의 눈물이었어요). 사랑과 관심을 받지 못하고 성장한 것이 저의 큰 열등감 중의 하나였고 들키고 싶지 않았습니다. 가정을 꾸리고서도 남편과 시부모님 또한 예쁜 딸들을 통해서 사랑을 받으면서도 마음의 갈증은 가시지 않아 항상 스스로 그 사랑을 찾아 돈을 들여서까지 사람과의 관계를 만들고 관계 속에서 사랑을 구걸하고 다녔습니다. 하나님께서 내게 주신 가정과 가족들을 알아보지 못하고 오히려 그들이 내 부담과 짐으로 여겨져 짜증과 신경질을 내면서 귀한 줄 모르고 살아왔습니다. 이 모든 문제의 근원이 무엇이었는지 지금은 알고 있습니다.

기적이라고 표현할 정도로 말씀 있는 곳으로 저와 자녀들을 인도해 주셔서 담임목사님을 통하여 인내하시고 지치지 않는 사랑으로 말씀이신 예수 그리스도를 소개해 주시고 경험으로 만나 주시고 하나님을 가르쳐 주셨습니다.

지금은 마음의 아픔과 슬픈 상처, 절망, 소망 갖지 못함은 점점 흐려지고 하나님 나라 하나님의 일에 관해서 관심과 소망이 생겨났습니다. 이전과는 정반대의 기쁨과 자원함과 감사함으로 주님 동역자의 맘으로 함께 하고픈 마음으로 즐겁게 신앙생활 하면서 나의 삶을 살아가고 있습니다.

사랑이 무엇인지 배우며 그 사랑을 받는 법을 몰랐던 저에게 그 사랑을 가르쳐 주셔서 감사함으로 자연스럽게 사랑을 받고 있으며 이제는 받은 그 사랑을 가족과 이웃 지체들에게 흘려보내는 자 되기 위해 노력하고 실천하고 있습니다.

간증 8
요정에서 예수님으로

최 집사

> 어느 날 지인 목사님의 문자를 받았다. 경기도 광주에서 부목사로 사역하고 계신 분이었다. 평소 SNS에서 서로의 소식을 읽고 있었는데, 자신의 교회에서 인천 청라로 이사 가는 부부가 있어서 우리 교회를 소개했다고 한다. 남편이 아내보다 8살 어린 부부였다. 최 집사 남편의 모습을 보면서 내 입에서 '주여'가 절로 나왔다.

딸은 아빠와 닮은 사람과 결혼한다는 말이 있다. 나는 늘 술만 마시면 폭군이 되어 살림을 부수고 가족들을 폭행하는 아빠를 보며 살았기에 그 속담 같은 말이 행여나 나에게 일어날까 싶어 삼십 중반이 넘어가도록 결혼하지 않았다. 그러다 8살이나 어린 남자를 만났는데 그 남자는 유전적으로 술을 전혀 못한다고 했다. 그 말이 나에게는 이 남자가 가장 안전한 남자라는 생각을 하게 했다.

사귀면서 보니 그 사람 또한 엄마가 여러 번 바뀌며 어렸을 때부터 보호받지 못한, 가정사가 매우 복잡한 상처 많은 사람이었다. 자기 비위를 건드리는 사람을 그냥 지나치지 못하고 폭력을 써서 경찰서에 가는 일이 종종 있었다. 그러나 그땐 그것보다는 '술을 안 마신다'라는 사실만 내 온 정신을 끌었고 오히려 하나님이 주신 사람이라고 믿었다. 그렇게 결혼을 하고 신랑은 주일이 되면 나를 따라 교회에 나가 주었다. 딱 표현 그대로 나와 주기만 했다.

결혼하고 나서야 그 사람의 폭력성이 나를 힘들게 했다. 가정에서 폭력을 행사하지는 않았지만, 밖에 나가서는 술 취하지 않고도 얼마든지 사고를 칠 수 있다는 것을 보란 듯이 보여줬다. 하나님 앞에 신랑을 두고 울며 기도를 했고 사고를 칠 때마다, 직장을 그만둘 때마다 기도원을 들락거렸다. 아이가 태어나고 또 한 번의 큰 사고를 치는 바람에 4개월을 매일 기도원에 가서 대성통곡도 했었다. 그땐 잘 몰랐지만 지금 생각해 보니 나는 점점 지쳐 가고 있었던 것 같다. 학창 시절부터 엄마의 말에 매우 순종적이었던 나는 별명이 '네, 엄마'라 할 정도로 엄마의 말에 매우 고분고분했었다. 결혼했어도 친정집과 가까이 살았고 내 신앙이 꽤 견고하다고 생각했었다. 그러나 그건 엄마의 신앙이었고 나는 엄마 곁에서 엄마의 말에 순응하면서 엄마 신앙을 내 신앙인 줄 착각하고 살았던 것이었다.

어느 날 엄마는 시댁 부모님을 전도해야 하지 않느냐며 나를 시댁 근처로 이사하기를 강권했고 매우 불안했지만, 여태껏 그랬던 것처럼 그 말에 따라 친정집에서 멀리 떨어져 시댁 근처로 이사를 했다. 그리고 그때부터 인생의 광야 생활을 보내게 되었다. 더욱 세상적으로 변해가는 신랑과 쪼들려 가는 살림 앞에서 견고했다고 생각했던 내 믿음이 허깨비였음을 아주 똑바로 보게 됐다. 겨우 주일에 교회에 가긴 했지만, 전혀 술 한 잔하지 않았던 내가 한 캔, 두 캔 술을 마시게 됐고 신랑은 신랑대로 밖에서 여러 번의 싸움질과 가중치 벌금을 받게 되는 낙심되는 일도 있었다.

그 생활에서 나는 주님을 붙잡지 못하고 게임에 몰두하기 시작했고 그렇게 술과 24시간 돌리는 게임으로 2년의 세월을 보냈다. 2년이 지난 후 다시 집을 구해야 하는 시기가 다가왔지만, 그 사이 보증금도 다 날아가 버린 상황 앞에 나는 그저 넋 놓고 있었다. 그때 인천에 계신 친정 부모님이 당신들은 시골로 이사를 할 테니 인천집에 와서 살라 하셔서 그렇게 영혼 육이 피폐해진 채 인천으로 다시 올라왔다.

인천으로 오면서 가장 맘이 괴로웠던 것은 교회 문제였다. 엄마와 함께 30년을 다녔던 교회에 다시 가기가 정말 싫었다. 교회에서 크게 사역하셨던 엄마의 딸로 다시 그 교회에 간다면 분명 여기저기 봉사 요청을 받을 것이며(심지어 이사하기도 전에 내가 인천으로 다시 돌아간다는 소식을 들은 교회에서 봉사 요청 전화를 했다) 교회 사람들에게 이사하기 전의 성실했던 모습을 보여줘야 할 것 같은 부담감에 얼마나 가면을 쓰며 살아야 할지 알았기 때문이다. 숨 막힐 것 같았다. 신랑도 그 교회는 예배 시간이 1시간 반이나 된다고 다른 교회에 가길 바랐다. 그때 청라에 있는 개척 교회 좋은밭교회를 소개받았고 신랑에겐 개척 교회는 예배가 짧을 거라 얘기하며 좋은밭교회에 첫발을 들였다.

그런데, 좋은밭교회 예배 시간은 거의 2시간이 다 되었다. 첫 예배를 드리던 날 신랑이 시계를 보면서 얼마나 불평을 해 댔는지 지금은 웃으면서 말할 수 있지만, 그때는 그것 하나도 고비처럼 여겨졌다. 예배 시간 때문에 신랑의 불평불만이 거셌지만, 결국 소소한 에피소드들을 남기며 좋은밭교회 정착하기는 성공했다. 좋은밭교회에서 나는 다시 소생하게 되었다. 말씀이 예수 그리스도이심을 알게 하셨다. 신학교까지 졸업한 내가 사실은 예수 믿는 것이 무엇인지도 모르고 있었다는 사실과 기도가 무엇인지도 모르고 새롭게 배우게 되었다. 날마다 거르지 않고 말씀 묵상을 지도하는 목사님, 리더들의 인도, 그리고 교회의 프로그램은 모두 말씀이었고 오직 말씀 묵상이었다.

그 지도 덕분에 나도 매일 말씀 묵상 시간을 갖기 시작했고 시간이 지나면서 묵상이 삶을 점령하기 시작했다. 그러면서 내가 그동안 눈뜬 맹인이라는 자각이 들어오니 심령이 가난한 은혜가 넘치게 됐다. 그리고 지금도 여전히 무지함을 고백한다. 그렇게 내 안의 우상인 '나'를 직면하는 말씀 생활을 하던 중 우리 교회가 주최하는 2019년 여름 십자가 캠프를 갔다. 나는 그 캠프에서 여전히 내 삶의 고난인 신랑을 위해 애끓는 마음으로 눈물로 기도하던 중에 목사님이 내 곁에 오셔서 머리에 손을 얹고 기도하셨다. 목사님은 세 번을 정확하게 같은 말씀을 하셨다. "네 마음을 하나님께 바르게 맞춰라." 그 말씀에 나는 기도를 멈추고 '내가 뭘 잘못했나?' 근심하다가 기도의 초점을 신랑이 아닌 나로 맞추고 다시 기도하기 시작했다.

십자가 캠프 마지막 날 밤 눈물을 펑펑 쏟으며 놀라운 광경을 보게 되었다. 돌덩이 같았던 신랑이 눈물을 흘리며 기도하는 것이 아닌가! 할렐루야! '그렇구나! 하나님이 하시는구나!' 내가 말씀 앞에 바로 서서 진리이신 말씀을 깨닫고 복종할 때에 하나님이 일하심을 경험한 거였다. 아이의 선천적으로 타고난 질병을 놓고 목사님께서 기도하시는 와중에 신랑의 믿음 성장과 아이의 질병 고침을 함께 이뤄 나가시겠다는 말씀도 하셨다.

아직 진리가 가득 차지 않아 여전히 하나님을 온전히 신뢰하지 못하는 부끄러운 성도지만 하나님께서는 말씀으로 나와 내 가족을 예수 닮는 천로역정의 길로 성실히 인도하실 것을 믿는다.

간증 9

등불 청년

성은 청년

> 나는 22살에 뭘 하고 있었을까? 이런 생각을 하게 하는 청년이다. 아버지 사업의 부도로 인해 월급의 대부분은 빚을 갚아야 하는 상황에서도 가정의 기둥 역할을 하고 있다. 지난 4년 동안 거의 매일 청년 단체 톡방에 묵상한 사진이 올라왔고, 회사에서도 다들 점심 먹으러 갈 때 꾸준히 묵상 생활을 이어 오면서 많은 사람에게 그 모습 자체만으로도 '예수님 믿으세요!', '말씀 순종하세요!', '말씀 사랑하세요!' 라고 환한 등불을 밝히고 있다. 주께서 그렇게 쓰임 받길 원하신다는 믿음 그대로 순종한 이 청년에게 박수를 보낸다.

    모태신앙으로 어린 시절부터 예쁘게 차려 입고 교회에 갔던 기억이 있지만, 교회 가기를 즐거워했던 것 같진 않습니다. 맡은 임무가 있을 땐 열심히 하지만 그것은 예배를 위한 것이 아닌 책임감 때문이었고 그마저 나에게 중요한 일이 있을 땐 뒷전이 되는 경우가 많았습니다. 또한 머리가 성장할 때부터는 나의 존재의 근원에 대한 두려움과 공포감으로 살아왔던 지난날이었습니다.

    교회는 다니고 있었지만, 천국의 소망과 확신도 없고 관심도 없을 뿐더러 드라마를 보다 보면 드라마는 스토리에 결말이 존재하는데 나의 존재는 어떻게 된 것이며 어디서부터 오고 어디로 가는지와 내가 사는 세계와 내가 누리고 있는 모든 것에 일치함이 없고 이질감이 들었지만 아무리 고민하고 생각해도 해답을 얻지 못해 막연한 두려움만 커져서 애써 생각을 눌러두는 일이 많았습니다.

　어린 시절부터 성에 관해 궁금해 했고, 그로 인해 많은 음란한 콘텐츠들에 중독되어 그것은 하나의 취미 생활이 되어 갔습니다. 남이 알면 부끄러운 일이었으나 죄라는 생각이 들지 않았습니다. 친구들의 나쁜 짓도 모험심이 있어 보이고 멋있어 보였습니다. 또한 화가 많고 질투도 많으며 남의 이야기 하는 것을 좋아해 항상 대인 관계에 문제가 있었습니다. 초등학교 6학년 때부터 시작된 편두통은 전조 증상으로 섬광이 보일 정도로 심해졌으며 극심한 두통과 구토, 빛과 소리에 민감해짐을 동반하는 질병은 한 달에 두 번 이상 저를 괴롭혔습니다.

　부모님께서는 자식이 해 달라는 것을 거절한 적이 없으셔서 많은 부분 지원을 받으며 부족한 것 없던 어린 시절이었고, 그리 애쓰지 않으면서 순탄하게 대학도 원하는 과에 들어갈 수 있었습니다. 그것만으로 나는 행운아였고 하나님께서 인도하시는 거라는 착각에 살아가고 있었습니다.

　그러나 대학 생활 중에도 많은 문제를 안고 살았으며, 더 많은 문제가 있었으나 그다지 문제를 느끼지 못했습니다. 이 정도는 당연하게 생각했던 것 같습니다. 그러다가 아버지의 사업이 힘들어지면서 연대보증 등 안 좋은 일에 휘말리시고 집에 사채업자가 찾아오며 불안감이 높아졌습니다. 계속 존재의 불안감이 증폭되며 마치 기울어진 시소에 올라타 있는 느낌과 낭떠러지 끝에 매달려 있는 느낌을 오가며 정신적인 압박과 고통이 증상(불안감, 집중이 안 되고 나중에는 호흡이 신경쓰일 정도)으로 드러나기 시작했습니다. 나름 괜찮다고 생각했던 삶이 무너져 내리는 것은 한순간이었습니다. 엎친 데 겹친 격으로 오빠도 간질의 증세가 나타나면서 암울

한 삶이 계속 되었습니다.

여러 상황으로 내리막길이던 가운데 이전 진해에서 잠깐 머물렀을 때 알게 된 이동복 목사님께 오빠 문제로 상담하러 가는 엄마를 따라 나섰습니다. 나의 문제도 상담 받고 싶었던 것입니다. 그렇게 해서 좋은밭교회에 출석하게 되었습니다.

좋은밭교회는 확실히 이전에 다니던 교회와 달랐습니다. 말씀의 은사가 있으신 목사님의 해석은 설교의 질이 달랐고 실제로 말씀이 믿음으로 다가왔습니다. 한번은 목요일마다 하시는 '요한복음 파워하우스'를 아빠와 같이 가게 되었는데 그곳에서 예수님을 너무 막연하고 두리뭉실하게 알고 있었다는 것을 깨우쳤습니다.

또 자기 주도 예배로 드려지는 오후 예배는 참신했습니다. 이전까지 이렇게 성경을 열심히 읽어 본 적도 없던 내가 그 예배를 통해 말씀을 궁금해 하고 몰입하고 나의 모습과 하나님의 모습을 발견하게 되면서 변화되기를 결단하고 작정하게 되었습니다. 그 시간이 너무나 신기했습니다. 이곳에서 나의 문제가 해결될 것 같았습니다. 가지고 있던 세상 문화들과 생각들, 우선순위가 모두 어긋났다는 것을 알게 되었고, 그것들을 고치고 바꿔야겠다는 결단이 서면서 적극적으로 싸워 나가게 되었습니다. 특히 눈을 지켜야 한다는 목사님의 말씀과 사모님의 기도로 중독되었던 야동과 게임을 끊기 위해 싸우고 또 싸웠습니다.

그러나 말씀을 알게 되면서 지식이 쌓이고 다른 교회와 비교되는 우리 교회의 신앙을 판단되면서 교만해졌습니다. 부모님을 판단하고 교인 분들을 판단하고 쌓여 가는 지식으로 나의 모습에 가면을 쓰게 되었습니다.

그러다 문득 나를 돌아보니 말씀 묵상의 자세가 불성실하고 이전에 끊어 냈다고 생각했던 것들이 슬금슬금 올라와 나를 옥죄어 왔습니다. 다시 마음의 불안 증세가 올라오는 것을 보면서 정말 안 되겠구나 라는 생각이 들었습니다. 목사님께서 가르쳐 주셨던 예수님 말씀을 알고 그 말씀 앞에 죽는 것이 무엇인지 깨달아졌습니다.

다시금 결단하기 시작하니 이전까진 보이지 않던 나의 새로운 문제들이 보였습니다. 말씀 묵상은 하고 있으나 꾸준하지 못한 것과 예배 태도가 불량한 것, 말씀 묵상하는 마음가짐이 깨끗하지 못한 것(목적을 가지고 나아오는), 남을 말씀으로 판단하고 정죄하는 것 등 주님께서 값없이 주신 것에 감사하지 못했습니다. 그때 비로소 강대상 위에서 선포되는 목사님의 기도와 말씀이 다시 내 안으로 들어오고, 24시간 거룩 생활을 이루라는 그 말씀에 순종하고자 하는 마음의 불씨를 심을 수 있었습니다.

이처럼 말씀 생활을 지속하다 보니 미래의 불확실성과 죽음에 대한 두려움은 어느새 사라지고, 넘어지고 일어나는 훈련을 반복하면서 조금씩 이전에 격렬하게 싸우던 것들이 아무렇지 않게 되었고 또 새로운 이슈와 싸워 내며 성장하고 있습니다. 또 예수 그리스도의 발자취를 따르는 이 삶이 진정한 기쁨인 것을 조금씩 알아가는 중입니다. 또한 주의 때를 만나게 해주셔서 볼품없는 인생들을 살려 주신 것도 모자라 사용하시겠다고 하시니 감사할 따름입니다. 더욱 낮춰 주시는 대로 주님 말씀을 따라 순종하며 살아가는 자 되겠습니다.

간증 10
그리스도의 아름다운 신부

정 집사

속 깊은 마음의 상처를 안고 오랫동안 회색 빛 삶을 살아온 분이다. 평생 교회를 다녔지만, 신앙이 자라지 않고 방황하던 오빠가 예수님을 영접하고, 믿음 없던 올케가 설교 말씀을 기억하고 이야기를 들려주면서 교회를 찾았다가 한 번의 예배 후 3년이 지난 지금까지 신앙생활을 하고 있다. 우리 교회 사랑방 리더로 섬기는 분이다.

죄로 인해 죽어 가는 영혼들을 불쌍히 여기시어 이 땅에 육신으로 오신 하나님을 찬양합니다. 극도의 겸손하심으로 인생들의 죄를, 그 무거운 짐을 지시어 돌아가심으로 우리에게 영생의 문을 열어 주시고 또 말씀으로 그 영생의 길을 곧게 걸어갈 수 있게 하신 주 여호와 하나님을 경배합니다.

2016년 9월 18일 주일, 좋은밭교회에서의 첫 예배를 드리게 되었습니다. 방문하는 교회마다 마음에 차지 않아 갈급해 하는 오빠가 감격 어린 주님 영접과 예전 교회의 메마른 예배와는 다른 은혜를 나누는 새 언니의 벅찬 얼굴을 보면서 기대감으로 저도 방문을 해 본 것입니다. 아파트 교회라고 해서 20%는 의심을 가지고 내가 분별해 보리라 하면서요. 그런데 분별하러 갔다가 첫 예배를 드린 지 3년이 흘렀습니다. 돌아보니 말로는 표현할 수 없는 벅찬 은혜의 시간이었습니다.

말씀을 바르게 가르쳐 주는 사람 하나 없는 교회를 프로그램에 매여 봉사하며 그렇게 교회 생활을 30년이나 했습니다. 교인들과의 관계 속에서 생명 없는 사람의 위로와 인정을 받으면서 이것으로 구원의 방주 안에 있다 착각하며 그렇게 세월을 보냈습니다. 채워지지 않는 갈급함을 큐티(생명의 삶)를 시작하며 하루하루를 보냈지만 바른 지도자 없는 큐티는 제게 참 양식이 되어 주지 못했고, 여전히 눈은 세상의 교훈과 풍조를 좇았고, 목사님의 달콤한 설교로 만족하는 거짓 평안에 속아 지냈습니다. 그러던 중에 좋은밭교회에 오게 된 것입니다.

저는 하나님을 알지 못하고 말씀을 제대로 알지 못했습니다. 매일 들고 다니던 성경책의 그 진리의 무게를 전혀 알지 못했습니다. 누구 하나 가르쳐 주는 사람도 없었습니다. 이신칭의, 믿으면 천국 간다고 배웠고, 나는 분명 믿음이 있다고 생각했으며 지금 죽어도 당연히 천국행이라는 믿음이 확고했었습니다. 하나님께서 허락하시면 자살하고 싶다는 마음을 품으면서요. 너무나도 무지했습니다.

이런 어리석고 미련한 저는 좋은밭교회 이동복 담임목사님을 통해 말씀을 만나고 바로 말씀 묵상을 시작했습니다. '생명의 삶' 묵상과는 다르게 아무런 설명도 없고 흥미로운 간증도 없는 묵상 책으로 말이지요. 초기에는 말씀 앞이 아닌 묵상 책이 놓인 책상 앞에 매일 앉았습니다. 정직하지 못한 묵상이지만 매일 묵상하라는 목사님을 따랐습니다. 이에 주님은 만나 주셨습니다.

너무나 무지했던 저에게 지식으로 먼저 만나 주시고(그노시스), 서서히 제 마음에 말씀을 심어 주시며 그 말씀에 순종하게 하셨습니다(기노스코). 살아 계신 말씀은 저를 바꾸었습니다. 세상의 자녀로 살면서 주님의 형상과는 너무나 뒤틀어져 버린 저의 내면을 만지셨습니다. 뜨거운 회개의 시작이었습니다. 그런 회개기도는 평생 처음이었습니다.

   세상 모든 것의 중심은 오직 나이고, 내 것에만 집중하고 집착하는, 다른 사람을 돌아볼 때는 나의 손해를 먼저 계산하여 손 내미는 저였습니다. 나를 위해 돌아가신 예수님의 희생하고는 전혀 다른 삶을 살고 있었죠.

   그렇게 나를 보호하면서도 또 공격받을까 두려워 떨고, 지은 죄를 용서받지 못해 그 죄에 결박당해 매일 나를 살해하는 어리석고 미련한 자였습니다. 예수님에 의한 자유를 진히 알지 못하여 누리지 못했던 이런 제 모습도 말씀을 거울삼았기에 깨달아 알게 된 것입니다. 이제는 다른 두려움이 있습니다. 이 말씀으로 알게 되었고 지금 걷는 이 좁고 협착한 길을 벗어나게 될까 하는 염려입니다. 이 말씀의 좁은 길의 끝을 알기에, 그 귀한 열매를 알기에 이 길의 영원한 행보를 간구하게 됩니다.

   살아 계신 예수 그리스도, 말씀 기준의 신앙생활을 온전히 하지 않으면 어느 한순간 영을 거스르는 옛사람을 따라 욕심을 품게 될 수 있습니다. 그 욕심으로 세상을 향하는 이들의 타락을 봤습니다. 그래서 더더욱 말씀 앞에서 나를 돌아보며 마음과 생각을 지키기에 온 힘을 다하게 됩니다. 이것은 진정 하나님께서 주시는 감사한 근심입니다.

   넓은 길에서 보면 마냥 힘들어 보였던 이 길이, 지금은 얼마나 아름다운 길로 여겨지는지 모릅니다. 나를 위해 살면서 멸망의 길을 걷던 저에게, 인생의 길을 몰라서 답답하고 허무하여 자살하고 싶던 저에게 왜 살아야 하는지, 무엇을 위해 살아야 하는지, 어떻게 살아야 하는지 가르쳐 주셨습니다.

   이 좁은 길에서 말씀이신 예수님과 동행함으로 인해 제 삶이 선명해지고 정확해졌습니다. 매일 말씀과의 독대로 나를 비추어 보며 걸어갈 때 낮아지고 낮아지게 하십니다. 이렇게 작아지고 낮아짐으로, 이 좁고 협착한 길은 쉽고 가벼운 여정이 될 것이기에 오늘도 말씀 앞에 엎드립니다. 저의 죽어 있는 인생을 다시 살게 하시고 다시 깊은 마음속에서 올라오는 기쁨으로 웃게 해 주신 우리 주 예수 그리스도께 영광 돌립니다.

| 참고자료 |

1. 국문 단행본

권문상. 『성경적 공동체』. 경기: 킹덤북스, 2013.
김길성. 『改革 神學과 敎會』. 서울: 총신대학교 출판부, 1996.
김성진. 『Church Planting: 개척교회의 이론과 실제』. 성남: 목회전략컨설팅연구소, 2005.
김승년. 『건강한 교회 이렇게 만든다』. 서울: 예영커뮤니케이션, 2004.
김의원. 『언약과 교회』. 용인: 킹덤북스, 2014.
민장배. 『교회 개척학』. 서울: 기독교 문서선교회, 2016.
_____. 『삶을 변화시키는 제자훈련』. 대전: 세화 출판사, 2016.
박영돈. 『일그러진 한국교회의 얼굴』. 서울: IVP, 2013.
박용규. 『한국교회를 깨운다』. 서울: 생명의말씀사, 1999.
_____. 『교회와 제자훈련』. 서울: 국제제자훈련원, 2003.
박형룡. 『박형룡 저작전집 VI-교의 신학 교회론』. 서울: 한국기독교교육연구원, 1988.
배창돈. 『제자훈련, 실패는 없다』. 서울: 디모데, 2015.
송인규 편. 『한국교회 제자훈련 미래 전망 보고서』. 서울: IVP, 2015.
안영혁. 『작은 교회가 더 교회답다』. 서울: 겨자씨, 2001.
안인섭. 『칼빈과 어거스틴』. 서울: 도서출판 그리심, 2012.
양현표. 『사도적 교회 개척』. 서울: 도서출판 솔로몬, 2019.
양희송. 『다시, 프로테스탄트』. 서울: 복 있는 사람, 2012.
_____. 『가나안 성도 교회 밖 신앙』. 서울: 포이에마, 2014.
옥한흠. 『평신도를 깨운다』. 서울: 도서출판 국제제자훈련원, 2010.
_____. 『이것이 목회의 본질이다』. 서울: 국제제자훈련원, 2015.
이연길. 『말씀 목회패러다임』. 서울: 쿰란출판사, 2001.
이장식. 『敎會의 本質과 敎會 改革』. 서울: 대한기독교출판사, 1991.
이종성. 『교회론』. 서울: 대한기독교출판사, 1989.
이중표 외 12인. 『교회 발전을 위한 교회 개발』. 서울: 쿰란출판사, 1996.
임태수 외 13인. 『제2 종교개혁이 필요한 한국교회』. 서울: 기독교문사, 2015.
정성국, 지형은, 송인규. 『한국교회 큐티운동 다시 보기』. 서울: 한국기독학생회출판부, 2015.

정숙희.『그들은 왜 교회를 떠났을까?』. 서울: 홍성사, 2008.

정일웅.『교육목회학』. 서울: 그리심, 2003.

정재영.『교회 안 나가는 그리스도인: 가나안 성도를 어떻게 이해할 것인가?』. 서울: 한국기독학생회 출판부, 2015.

정필도.『교회는 무릎으로 세워진다』. 서울: 두란노, 2007.

조병수.『초기 기독교에서 가옥교회로서의 가정교회』. 수원: 합동신학대학원대학교출판부, 2008.

최영기.『가정교회로 세워지는 평신도 목회』. 서울: 두란노서원, 1999.

_____.『가정교회에서 길을 찾는다』. 서울: 두란노서원, 2015.

_____.『가장 오래된 새 교회』. 서울: 두란노서원, 2015.

최윤식.『2020 2040 한국교회 미래지도 2』. 서울 : 생명의말씀사, 2015.

하용조.『사도행전적 교회를 꿈꾼다』. 서울: 두란노, 2012.

한국교회문제연구소 편.『2000년대를 향한 한국교회의 전망과 과제』. 서울: 한국로고스연구원, 1987.

_____.『목회자와 평신도』. 서울: 한국로고스연구원, 1994.

한미라.『예수의 제자도와 제자교육의 모형화』. 천안: 한국기독교교육정보학회, 2016.

2. 번역 단행본

Avis, Paul D. L.『종교개혁자들의 교회관』. 이기문 역. 서울: 컨콜디아사, 1987.

Baxter, Richard.『참된 목자』. 지상우 역. 서울: 크리스천 다이제스트, 1997.

Blanchard, Ken and Phil Hodges.『예수는 어떻게 12제자를 위대한 리더로 키웠는가』. 조천제 역. 서울: 21세기북스, 2007.

Bucer, Martin.『참된 목회자』. 신현복 역. 서울: 아침, 2013.

Calvin, John.『기독교 강요 (하)』. 서울: 생명의말씀사, 2011.

Coleman, Robert E.『주님의 제자훈련 계획』. 김영헌 역. 서울: 두란노, 1990.

Dawson, Joy.『평생 꿈꾸며 바라던 그 모습 내가 닮고 싶은 예수』. 양혜정 역. 서울: 예수전도단, 2007.

Dever, Mark.『더 처치』. 김태곤 역. 서울: 아가페 출판사, 2016.

Edwards, Jonathan.『균형잡힌 부흥론』. 양낙홍 역. 서울: 부흥과개혁사, 2005.

Getz, Gene A.『現代敎會의 更新』. 권명달 역. 서울: 보이스사, 1985.

Hanks, Billie Jr & William A. Shell.『제자도』. 주상지 역. 서울: 나침반사, 1994.

Hendricks, H. G. and W. D.『삶을 변화시키는 성경공부』. 정현 역. 서울: 디모데, 1995.

Hendricks G. Howard. 『삶을 변화시키는 가르침』. 정명신. 서울: 생명의 말씀사, 2005.

Horton, Michael S. 『그리스도 없는 기독교』. 김성웅 역. 서울: 부흥과개혁사, 2009.

Hull, Bill. 『목회자가 제자 삼아야 교회가 산다』. 박경환 역. 서울: 요단출판사, 1999.

Jay, Eric G. 『교회론의 역사』. 주재용 역. 서울: 대한기독교출판사, 1986.

Keller, Timothy. 『센터처치』. 오종향 역. 서울: 두란노서원, 2016.

Küng, Hans. 『교회』. 정지련 역. 서울: 한들출판사, 2007.

MacArthur, John. 『교회의 해부학』. 한화룡 역. 서울: 두란노서원, 1988

_____. 『그리스도의 몸인 교회』. 서울: 두란노서원, 1994.

_____. 『목회사역의 재발견』. 서원교 역. 서울: 생명의말씀사, 2011.

Randy Pope, Murray Kitti. 『교회는 인소싱이다』. 이철민 역. 서울: 국제제자훈련원, 2016.

Putman, Jim, Bobby Harrington & Robert E. Coleman. 『목회, 방향만 바꿨을 뿐인데!: 제자훈련 교회로 전환하라』. 김명희 역. 서울: 국제제자훈련원, 2018.

Rainer, Thom S. 『교회 성장 교과서』. 홍용표 역. 서울: 예찬사, 2004.

Spurgeon, Charles Haddon. 『스펄전 설교전집 II』. 서문강 역. 고양: 크리스찬다이제스트, 2013.

Still, William. 『목사의 길』. 장호준 역. 서울: 복있는 사람, 2011.

Stott, John R. W. 『살아 있는 교회』. 신현기 역. 서울: 한국기독학생회출판부, 2011.

Thiessen, Henry C. 『조직신학 강론』. 권혁봉 역. 서울: 생명의말씀사, 1983.

Towns, Elma A. 『사도행전식 교회개척』. 김재권 역. 서울: 생명의말씀사, 2015.

Viola, Frank. 『유기적 교회 세우기』. 이남하 역. 서울: 대장간, 2010.

Watson, David. 『제자도』. 문동학 역. 서울: 두란노서원, 1989.

Wilkins, Michael J. 『제자도 신학』. 황영철 역. 서울: 국제제자훈련원, 2015.

Zdero, Rad. 『세상을 뒤흔드는 작은 교회』. 박주언 외 2인 역. 서울: 좋은씨앗, 2010.

3. 국문 논문

박세진. "한국교회 평신도 신앙 훈련 방법의 패러다임 전환." 박사학위논문, 총신대학교 대학원, 2013.

오난영. "제자훈련이 전인격적 영성형성에 미치는 영향 -사랑의교회 사역현장을 중심으로-." 박사학위논문, 백석대학교, 2010.

이병욱. "대그룹 제자훈련목회 활성화 방안." 박사학위논문, 성결대학교 신학전문대학원, 2016.

신기호. "국내 미자립 교회를 위한 효과적인 지원과 성장 방안: 지역교회 영암 삼호교회 중심으로." 석사학위논문, 총신대학교 선교대학원, 2012.

장관익. "평신도 사역을 통한 효과적인 제자 훈련과 교회 개척 방안." 목회학박사학위, 풀러학교, 2011.

정윤제. "균형 잡힌 영성을 통한 건강한 교회 성장 연구." 박사학위논문, 총신대학교 대학원, 2009.

4. 정기간행물 및 기타자료

권순호. "제자훈련 원리에 관한 고찰."「개혁주의교회성장」4호(2009): 1-39

근광현. "구속사의 구조 연구."「복음과 실천」55집(2015 봄): 77-104

김명호. "한국교회 안에서의 제자훈련의 역사와 전망."「교회교육」(2005 가을): 21-2.

민장배. "교회개척의 원리와 전략."「복음과 실천신학」10권(2005): 277-300.

박용규. "한국교회사적 측면에서 본 제자훈련 운동."「교회와 제자훈련」. 서울: 도서출판국제제자훈련원, 2003.

양현표. "한국교회 현실과 교회 개척 패러다임의 전환."「복음과 실천 신학 40권」제40권(2016): 125-155.

용한규. "한국교회 정체성 회복을 위한 목회패러다임의 전환."「복음과 실천 신학」35권(2015): 225-251.

정용섭. "제자훈련은 가능한가?-사랑의교회 옥한흠 원로목사-."「기독교사상」. 2007년 8월. 178-194.

최홍준. "부산을 제자훈련으로."「월간목회」. 2001년 3월. 35-7.

5. 주석

기동연.『창조부터 바벨까지』. 서울: 생명의 양식, 2009.

이병철,『성경 원어 해석 대사전 바이블 렉스 10.0 신.구약』. 서울: 브니엘성경연구소, 2019.

Bruce, F. F.『F. F. 브루스 성경주석 사도행전(상)』.

이용복, 장동민 역. 서울: 아가페출판사, 2014.

Calvin, John.『칼빈주석-공관복음』17. 박문재 역. 고양: 크리스찬다이제스트, 2011.

_____,『칼빈주석-사도행전』19. 신윤수 역. 고양: 크리스찬다이제스트, 2014.

_____,『칼빈주석-요한복음』18. 박문재 역. 고양: 크리스찬다이제스트, 2012.

Carson, D. A.『PNTC 주석 시리즈 요한복음』. 박문재 역. 서울: 도서출판 솔로몬, 2017.

Kostenberger, Andreas J. 『BECNT 요한복음』. 신지철, 전광규 역. 서울: 부흥과개혁사, 2017.
Osborne, Grant R. 『존더반 신약주석 강해로 푸는 마태복음』. 김석근 역. 서울: 도서출판디모데, 2015.

6. 사전
가스펠서브. 『교회용어사전』. 서울: 생명의말씀사, 2013.

7. 인터넷 자료
박민균. [연중기획/한국교회 샛강을 살리자 시즌2] 1부 미래자립교회 실태와 상황①「기독신문」. 2020년 2월 11일. http://www.kidok.com/news/articleView.html?idxno=2053422020년 2020년 3월 13일 접속
대한예수교장로회 총회 합동. "총회 자립 개발원." http://www.icsis.co.kr/ 2019년 11월 10일
이용필. "[기획1] 생활 전선으로 떠밀리는 목회자들."「뉴스엔조이」. 2014년 4월 14일. 정재영. "정재열 칼럼: 늘어나는 가나안 성도들을 어떻게 할 것인가?."「데일리굿뉴스」. 2018년 8월 31일 http://goodnews1.com/news/news_view.asp?seq=82636. 2018년 9월 14일 접속.